主権者はつくられる

編著／池田賢市・桜井智恵子・教育文化総合研究所「研究会議」

はじめに

学校では、さまざまな教育が行われています。
金銭教育、労働教育、消費者教育、ネットリテラシー教育、食育教育、
健康教育、オリンピック・パラリンピック教育etc、
最近では恋愛教育も必要だなんて言われたりして……。
「社会に出る前にこれだけは知らせておきたい」と思う人たちがたくさんい
て、それぞれが大事だと考える教育を子どもや若い人たちに施そうと、
学校がターゲットにされるのです。
主権者教育も、その一つ。
選挙権年齢が一八歳に引き下げられることになったのを機に、
子どもに国家や社会の形成者であるという意識を持たせるため、
主権者として社会のなかで自立して生き抜くために、
主権者教育が推進されることになりました。

その結果、選挙管理委員会が選挙啓発出前講座に来たり、模擬選挙で投票体験授業が行われたり……。高校では九〇パーセント以上の学校で主権者教育が実施されている状況です。

「だけど、投票の仕方を教えることが主権者教育なの？　だって、外国籍者は投票できない」といった指摘や「もっと政治のことに興味を持って主体的に考える人を育てる教育が必要なんじゃないか」という声もよく聞こえてきます。

あれ？　でも、ちょっと待って。子どもって、すでに主権者じゃないの？　そもそも主権者ってどういう人？　って聞かれて、答えられるおとなってどれぐらいいるのでしょう？

この本では、「どんな主権者教育をするのがいいのか」を話し合う前に、主権や教育というものを、読者のみなさんといっしょに、あらためて見つめ直し、考えていきたいと思います。

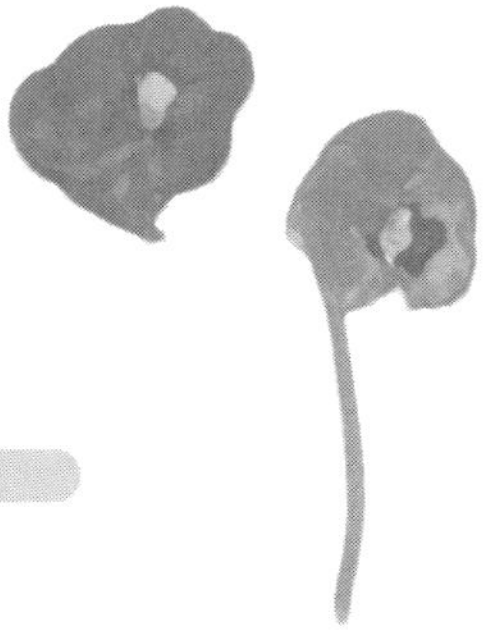

もくじ

主権って、教育ってなんだろう？

――この本をつくった7人のメッセージ

似顔絵◇伊藤書佳

山口幸夫

主権者って何だろう。年齢や資格に条件が要るのだろうか。民主主義社会のありようにどう関係しているのだろうか。自然界で、川と海とが出会う汽水域には大小さまざまな魚類や多種多様な生きものが棲み、豊饒な世界を形成している。どれが主ということはない。人間の社会のありようを考えさせられる。

池田賢市

子どもを主権者として育てようとする教育は「主権」の概念からは導きだせない。しかし、一九五〇～六〇年代の国家主義的教育政策を契機に、立法者・納税者としての自覚や意識を培おうとする「主権者教育」が提起された。それは、子どもたちに一定の行動基準を示そうとする政治的対抗軸だった。

金井利之

「主権者教育」は有り得ない。主権者は最高の存在だから、教師が教えることはできない。そもそも主権という発想は、個々人の自由を侵害するので有害だ。「有権者教育」も有り得ない。未来の有権者を今の有権者が教育するのは、今の有権者のエゴでしかない。結局、自由な社会では、教育は最小限に抑えるべきなのだ。

菊地栄治

「政治的中立」を盾に高校生（＝主権者）の政治的活動を禁止することは誤りである。筋違いな干渉が容認されてしまう背景には、日本社会に巣食う父権主義という病がある。経済も政治も教育も文化も例外なく侵されている。小さくされた声に耳を傾け、自分自身がゆさぶられ行動することを忘れないでいたい。

淺川和也

○○教育というのは、とてもたくさんある。社会変化に対応し、ニーズにおうじた教育が求められるというが、○○教育に振りまわされていないだろうか。英語教育を例に考えてみる。○○を教え・学ぶなかで、得られるものは何か。「○○ができる」のみならず、よりひろい視野でとらえたい。

堅田香緒里

新自由主義《ネオリベラル》的な社会投資国家に親和的な「主権者教育／シティズンシップ教育」は、誰もが「アクティブな市民」ないし人的資本として社会に参加・貢献することを要請している。だが私たちは、むしろこれまで主権の埒外に置かれてきた二級市民や少数者の声に耳を傾け、そこから新しい社会を構想していきたい。

桜井智恵子

自分で稼いで満たすという「勤労」概念の徹底が分かち合いを阻み、能力主義を招き、多忙と格差を生み、市民を政治的無関心に引き寄せる。学校の努力や政策だけで乗り越えようとせず、雇用や構造を問うことが必要。能力が分かちもたれているという発想の共有は、人間らしい暮らしを発見させ、無関心を救う。

主権者は教育される存在か

山口　幸夫

有権者、主権者

この国に民主主義はあるかと思う。民主主義を標榜してはいるが、実現していないのではないか。一人ひとりの自由と尊厳が尊重され、人として平安に生きることが保証されているか。そう思うことが一再ならずである。現代日本の基本的な考え方と仕組みとにおおきな欠陥があるのではないかと疑わしい。

一人ひとりの思想や理念は選挙を通じて実現されるものではない。選挙権を持つ人は有権者ではあるが、主権者は有権者であるとは言えない。「主権者教育」という言葉を聞くと、主権者とは何だろうかと考える。

この数年間の国会の審議をみていると、安倍政権は、自分たちにとって不都合な野党の質問には答えない。実質を伴わずに言葉だけが空疎にまわる。説明がされたとは言えないのに、また、審議が尽くされたとは言えないのに、強行採決が繰り返される。沖縄では、住民・県民の意思を踏みにじって辺野古の米軍基地建設が強行される。物理的な力で反対者を弾圧し続ける。福島の原発震災後、日本に住む大多数の人たちが原発の再稼働に反対だと意思表明しているのに、再稼働が進められる。原発の寿命は四〇年という原則を決めたが、それを国自身が守ろうとはしない。多数決という手段によって、例外が続出する。

見解や意見が対立しているとき、多数決で決めるのは、あくまでも、一つの便法にすぎない。徹底的に議論し、審議を尽くさないと破局に至る可能性がある。破局には地球規模の破局から、列島や村落の自然破壊、個人の生命の危機、とさまざまな規模がありうるが、たとえ局所的なものであったとしても、避けなければならない。そのためには、熟議を尽くし合意を形成する以外に方法はない。そして熟議を尽くす場は、誰にでも開かれていないといけない。「誰にでも」とはこの日本列島に住むすべての人に、条件をつけずに、という意味である。新聞の中学生の投書をみよう。(朝日新聞、二〇一七年九月八日、一二版)

「国会中継を見ていた時に思ったことがある。国会議員の人たちが会議中に寝ているということだ。僕たちの代表として国会に行っているはずなのに、寝たり欠席したりするのはおかしい。責務を全うして欲しい。

また、国会を見ると、与党が力ずくで法や予算を押し通し、市民がデモなどで声を上げても聞いているとは思えない。

国会は与党と野党が戦う場所じゃないし、会議中に寝ることが許されるほどどうでもいい場所ではない。国のために議論をして国をよくし、そして世界に貢献する場所だと思う。

戦っていたり声を聞いていなかったりというのが僕の勘違いだったとしても、寝ていたり出席しなかったりしているのは、一目瞭然だ。寝ているようなことしかできないなら、僕たちの代表になる資格はない。」


一三歳のこの中学生は有権者ではないし、議論の場にも参加できない。しかし、主権者ではないと言えるだろうか。国と世界のことをまじめに考えている。寝ている国会議員は論外だと批判する。国会でのやりとりを聴いていて、どこがどうおかしいか判断している。市民がデモで声を上げるその中身を理解している。こういう中学生に「主権者教育」をどのようにおこなうというのだろうか。

「人間は自然を目の当たりにして、文明を築き、文化をつくってきた。自然は人間のお手本である。人間は自然の一部である」

汽水域、科学技術を超える存在

人間は自然を目の当たりにして、文明を築き、文化をつくってきた。自然は人間のお手本である。人間は自然の一部である。

長大な川も源流にまでさかのぼると、急な山肌の一か所からしみ出るひとしずくにゆきあたる。これが、小さな流れとなり、しだいに生き物が棲む川として変貌していく。さらに下っていくと、流域によって生き物の種類がふえる。水系近辺の土壌、植生、気候などが複雑に関係する。固有種が発生し、棲み分けが始まることもある。これらの自然の姿をすべて正確に記述する方法は、たぶん、無い。山奥のひとしずくは、ついには堂々たる大河になって海に注ぐ。河口には汽水域と呼ばれる領域が生ずる。それは天然、自然の姿のひとつで、さして珍しいものではない。

汽水域は、特殊なものではないが、まさしく自然の妙というべきものである。川の水と海水とが適度に混じりあって塩分濃度の低い水域になっている。河口だけではなく海に接している湖の水は汽水である。サロマ湖、浜名湖、宍道湖などは汽水湖と呼ばれる。海の魚と川の魚が行ったり来た

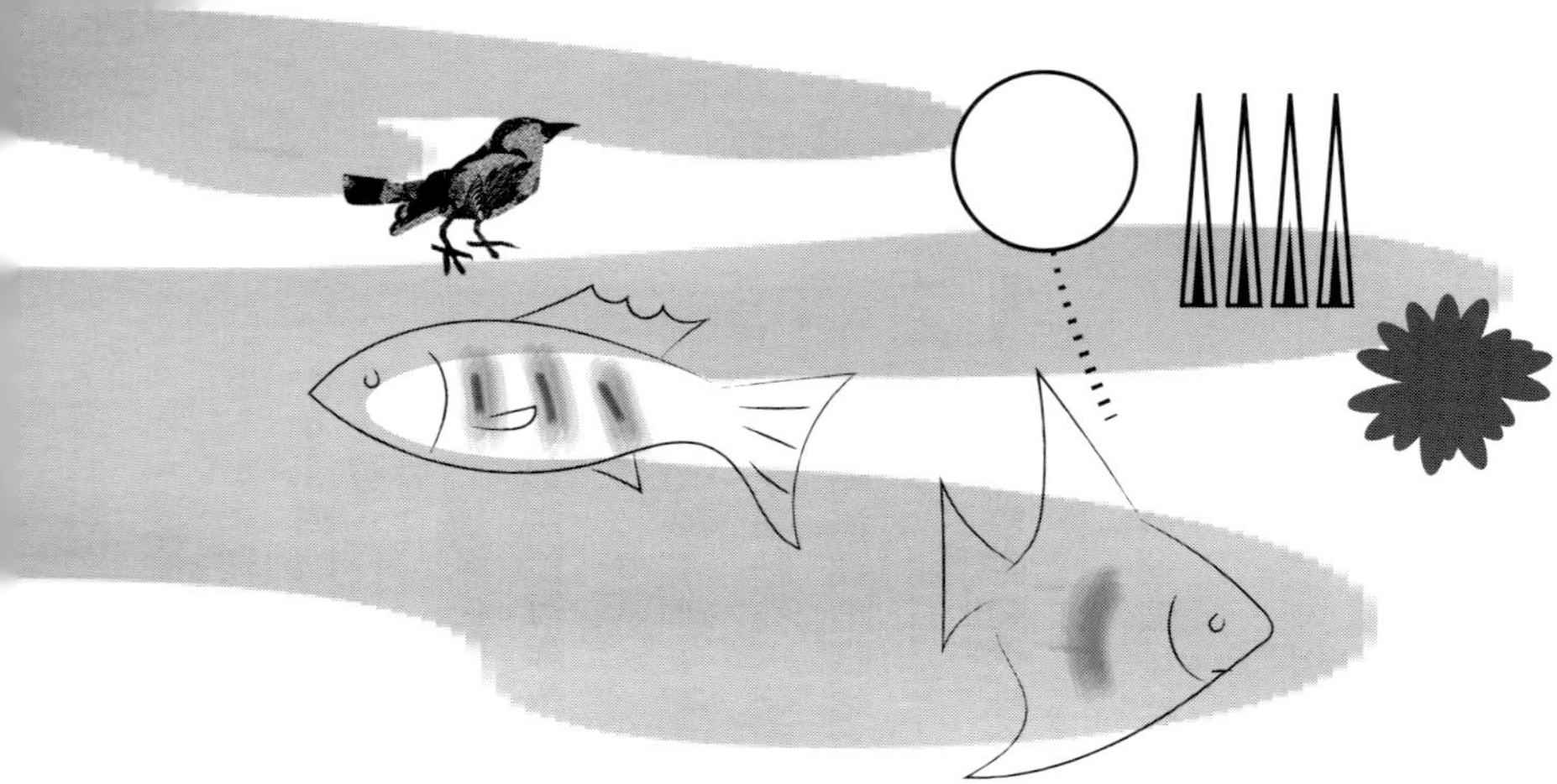

りしている。そこには、多種多様な生き物が棲む。汽水湖のような湖を人間の力でつくることはできよう。大土木工事をやればよい。だが、ほんらいの汽水湖の機能をもつかどうかは、わからない。自然にまかせるしかない。科学技術でこのような豊饒な水域をつくることはできないだろう。人間は自然に生ずる恵みを分けてもらって生きるのである。

科学の眼で汽水域を観るなら、そこには驚くほどの多様な生き物の世界が広がっている。水族館では、分類がおこなわれて展示される。「分ける」「分類する」は科学の始まりだから、自然生態系を人間の基準で分けて切り取ろうとする行為はうなずけないではない。その成果を人々に見てもらうためには便利である。だが、分けることに意味のない世界が本来の汽水域である。

「分ける」ことができない自然の汽水域にたいして、現代社会を支配している巨大な科学技術のシステムは「分ける」ことが基本であり、「分ける」ことから始まっている。そこでは人間社会にとって有益かどうかが物差しである。だが、有益性は一意的ではない。どのような社会なのか、誰にとって、どのように有益なのかは自明ではないからだ。物差しは一つではない。思想や信条は人それぞれによるのであり、したがって、科学技術のありよ

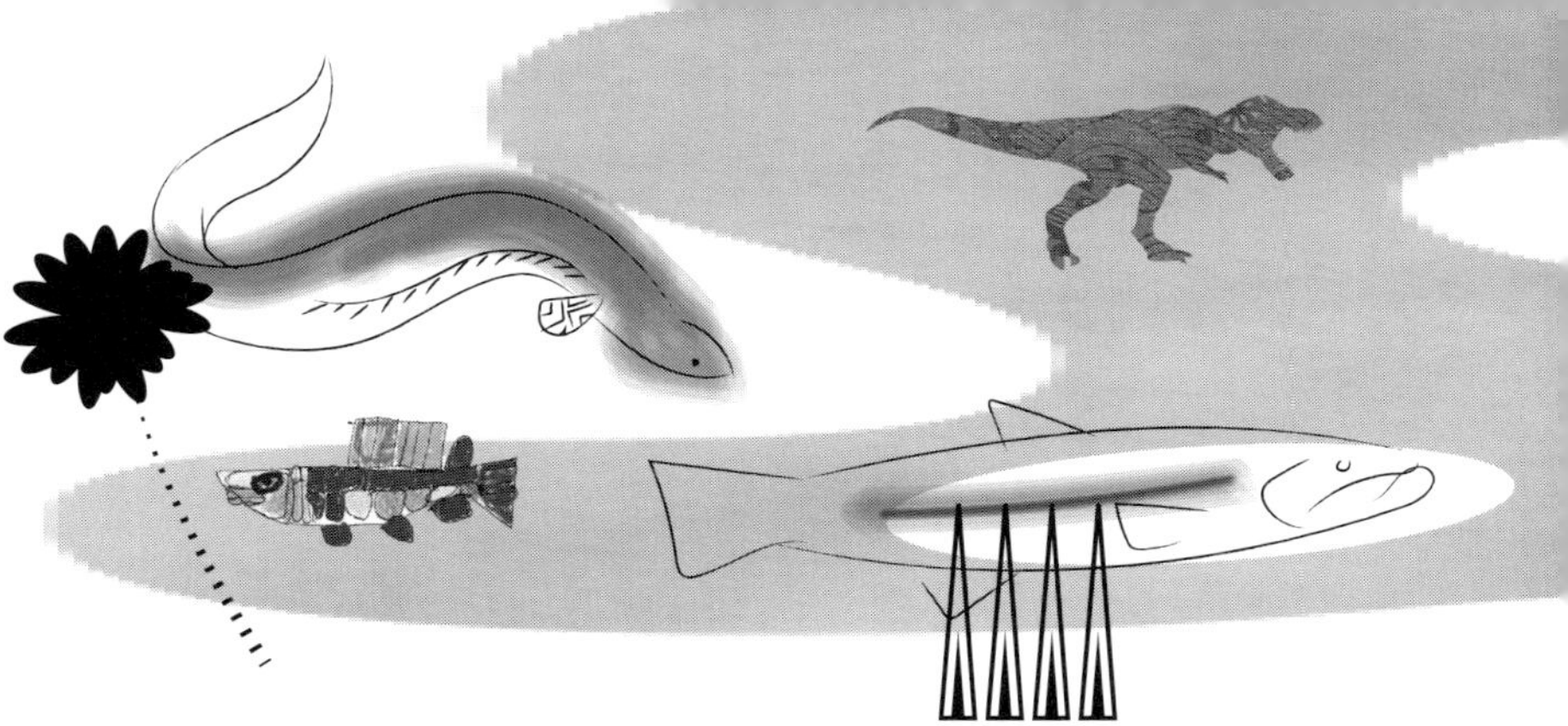

うは異なって当然ということになる。
　四六億年というながい時間をへて、現在の地球がある。地球の自然生態系がたどってきたながい歴史に比べると、現代科学技術には、そのような永続性はない。現代科学技術に不可欠な、自然に形成された化石資源が有限だからである。さらに、地球自体の廃棄システムにはきびしい容量制限があるからである。
「科学技術」は西欧近代社会が生み出した最大の発明の一つと言われることがある。古来、人間には、自然の不思議を理解したいという素朴な感情があった。それが「科学」を生んだ。他方、職人わざと深く関わる「技術」は、意識するとしないにかかわらず、経験と科学の成果を人間の省力、利便のために用い、時代と共に進展してきた。現代では科学が新しい技術をうみ、その技術が科学の進展をうながすことが多い。「科学技術」はそれらの相互作用を包み込んだ包括的な体系である。自然を利用し、ときには、人間社会にとって都合がよいように自然をつくり変える、自然を征服するという考え方を根底に持っている。人間が主であり、自然は人間にとっては従とみなされる。
　しかし、人間と自然との関係というとらえ方とは別なとらえ方、枠組み

「主権者としての国民」が自然を、自然生態系を軽視してみずからの滅亡、破局を招くことがある

がある。人間は独立の「国家」に所属し、その国家を構成する存在であるとする枠組みである。そこでは「国民」という概念が生ずる。国民主権はこの枠組みによって生ずる概念である。これらふたつの枠組みは、しばしば複雑に絡み合って、混乱を生む。「主権者としての国民」が自然を、自然生態系を軽視してみずからの滅亡、破局を招くことがある。逆に、自然生態系を第一に考えるとき、国家という概念は消えうせることになるかもしれない。地球環境問題をほんとうに解決しようとするなら、国家概念を越えなければならないかもしれない。

こどもたちは、主権者ではない？

公害は、当面の「利便性」、「さしあたっての豊かさ」を追求して地球環境を顧みずに科学技術がうみだしたものである。一九七二年に国連人間環境会議がブラジルで開かれたおりに、カナダの一二歳から一三歳の子どもたちの集まりを代表して訴えた一二歳の少女の「未来世代からのメッセージ」に耳を傾けてみよう。少女は、あなたがた大人たちにも、ぜひ生き方

をかえていただきたいとして、

「死んだ川にどうやってサケを呼びもどすのか、あなたは知らないでしょう。絶滅した動物をどうやって生きかえらせるか、あなたは知らないでしょう。そして、今や砂漠となってしまった場所にどうやって森をよみがえらせるのかあなたは知らないでしょう。

どうやって直すのかわからないものを、こわし続けるのはやめてください。」

「争いをしないこと、話しあいで解決すること、他人を尊重すること、ちらかしたら自分でかたづけること、ほかの生き物をむやみに傷つけないこと、分ちあうこと、欲ばらないこと」を、学校や幼稚園で私たちに教えているあなたがたは、なぜ私たちにするなということをしているんですか。

この訴えにどう応えたらよいか。大人たち自身は有権者であり、かつ、主権者であると自覚しているだろう。だが、地球規模の破局に至る道を選んで、しかもそれをおこなってきたのではないか、と少女は疑い、問いか

「破局がどのようにやってくるのか、公害や環境破壊にどうやって抵抗してきたか、一人ひとりの人権が保障される社会を実現するために熟議を尽くしてきたか」

けている。大人たちは正直に、それを認め、心から謝罪しなければならないだろう。こわし続けることをやめなければならないだろう。のちに国際的な環境保護運動家になった一二歳の少女は、破局を避けるために大人たちより正しい判断をし、その見解を国際会議の場で表明したわけである。

あらためて「主権者教育」とは何だろうか、と考える。どういう人たちが、生徒や児童をどのように教育するのだろうか。破局がどのようにやってくるのか、公害や環境破壊にどうやって抵抗してきたか、一人ひとりの人権が保障される社会を実現するために熟議を尽くしてきたか。「主権者教育」のなかに、それらは位置づけられているのだろうか。

中学生の投書や一二歳の少女の指摘を正面から受け止めるならば、破局を避けるためのプロセスに関わること、言い換えると、実行と責任の問題をどう考えるか、から逃げられない。主権者と年齢とは関係するのだろうか。汽水域に棲む生き物のことが思い浮かぶ。豊饒な汽水域と多様性にみちた人間社会と。汽水域の小魚は巨大な魚に呑み込まれることもあろうが、その水域に欠かせない存在である。

有権者・主権者である大人たちがしでかした破局へ至る行為に対して、有権者ではない若者たちが行為を通して、大人たちの犯した過ちを正そうとした例は枚挙にいとまがないほどである。二三の例を挙げてみよう。

1）かつて、荒れ地を営々と開墾して農に生きていた三里塚の農民たちに、新国際空港をつくるから立ち退けと政府が強権をふるったことがある（一九六六年）。その土地の農民たちには一言の相談もなかった。農民たちは抗議をかさねたあげく、力づくの反対闘争になった。反対派と衝突した機動隊に三人の死者が出た。反対同盟の青年行動隊のひとりが縊死した。全国から農民を支援する住民・農漁民・市民・学生たちが集まり、先が見通せない大きな闘争になった（三里塚闘争、成田闘争とも）。戦後、最大の農民一揆とも言われる。このとき、地元の小学生、中学生、高校生たちは学校の先生たちに質問をなげかけ、自発的に闘争に参加した。反対同盟の下部組織の一つとして、青年行動隊、婦人行動隊、老人行動隊などに並んで少年行動隊も結成され、大人たちと一緒に抵抗運動に参加した。

膠着した状況を打開するために、公開のシンポジウム、円卓会議が開かれ、農民たちの主張と政府の考えが議論された。熟議を尽くし合意が形成され、はげしい闘争に終止符が打たれた。民主主義の実現と言ってよい。

かつての少年行動隊のひとりは農家を継ぎ、合鴨農法で無農薬の米をつ

くっている。（伊藤睦編『三里塚燃ゆ』、平原社、二〇一七年）

2）ベトナム戦争に反対する世界的な運動が起こったとき、日本では「ベトナムに平和を！市民連合」（「ベ平連」）という、市民が中心になった運動が列島の各地で繰り広げられた（一九六五〜一九七四年）。この運動には、職業、性別、年齢などを問わず、多くのただの市民が参加した。高校生や中学生も、すすんでデモや集会に参加したのである。少年少女ベ平連というグループはビラを書き、それを配り、ときには反基地を訴える集会やデモ、署名運動にも参加した。その活動はまったく違和感なく人々に受け入れられた。大人たちが少年少女たちを特別扱いしたり、制止したりすることはなかった。まるで汽水域のようだった。安倍政権の強行採決に反対する集会で、かつての少年少女たちを幾人も見かけたものである。

3）大人も子どもも一人の人間だと思っていた少女は学校になじめず、中学二年から学校に行かなくなった。でも、知りたいことはいっぱいあった。テレビを見、本を読み毎日をおくる。反原発のデモにいってみると、わずか三〇人くらい。一〇代の子どもたちが集まって交流し、原発につい

て勉強会を開く。スリーマイル、チェルノブイリで大きな原発事故が起きたことに衝撃をうけて、疑問がふくらみ、原発立地の各地の反対運動に出かけていく。福島原発現地のおばさんが、東京に住んでいる娘や孫たち〝みんなのための電気〟をつくっていると目をうるませながら語るのに、はじめは感動するが、やがて、おかしいと感じる。もし事故が起きたら、大事な娘や息子、孫たちだって被害をうけるだろうに、と思ってしまう。
その事故は、少女の疑問から二二年して、地震にともなって起きた。二〇一一年三月。そして、いつ収束するか、誰も知らない。専門家たちにも分からない。おそらく、数百年は悩まされるだろうと少女は大人になって憂いている。そしてますます、子どもだって一人の人間なんだと確信を深めている。（伊藤書佳『超ウルトラ原発子ども』、ジャパンマシニスト社、一九八九年）

まとめ

自然の生態系、とくに、汽水域という多様で豊饒な水域と、そこに棲む生き物たちはわたしたちの社会に大きな示唆を与えていると考える。

「分けて」判断するのは、科学技術の基本的な操作である。「役に立つ」かどうかの物差しが基準になっている。そこで、価値観が問われることになる。少数の専門家たちにお任せでは、破局を招くおそれがおおきい。それを避けるために、だれにも開かれた議論の場が不可欠であり、熟議を尽くし、合意を形成する努力が求められる。さもなければ、民主主義社会とは言えない。主権者なしには民主主義を実現できないが、主権者は教育される対象ではなく、境遇、環境、時代状況の中で、おのずと育つものではないか、と考えるのである。

「主権者教育」はなぜ必要とされたか

池田　賢市

はじめに

今日、一八歳投票権によって急速にその必要性が喧伝されてきた「主権者教育」を考えようとする場合、第二次世界大戦後の日本の教育改革、とくに一九四七年制定の教育基本法の性質を検討する必要がある。端的に言えば、戦前の忠君愛国や皇国民の錬成をめざす天皇主権の教育体制から脱して「平和で民主的な文化国家」（日本国憲法前文）を実現するという「理想の実現は、根本において教育の力にまつべきものである」（旧教育基本法前文）という「憲法・教育基本法体制」が、「主権」と教育とを結びつけることを必要としたといえる。

しかし、この体制の確立段階では、主権者教育ではなく「国民主権」、「国民教育」という発想で十分であったはずである。なぜなら、主権が天皇にではなく「国民」にあるのだと宣言することで戦後の体制を確認することができ、その下で国民自らによる教育を実現させればよかったからである。ところが、その後、主権者を対象とした教育、あるいは子どもを主権者として育てようとする教育といった、次章で明らかにする「主権」という概

念からは本来的には導き出せない具体的な教育のあり方について意識せざるを得ない状況が現れたのである。それは、一九五〇年代から六〇年代にかけての変化、とくに朝鮮戦争を契機とした日米関係の変化、そしてその後の日本の教育政策の変化が「主権者教育」を出現させることになったといえる。

憲法・教育基本法の理念を基盤に

日本教職員組合（日教組）の教育研究全国集会（全国教研）での社会科教育分科会および生活指導分科会での討論内容を検討した子安と久保田によれば、一九五〇年代から六〇年代にかけての主権者教育の内容は、立法者と納税者としての「自覚」や「意識」を子どもたちの中に培おうとすることが中心であり、政治学習として展開されていたことがわかる（＊1）。そして、形成がめざされていた「自覚」や「意識」の内容は、日本国憲法と教育基本法（一九四七年制定の旧法）の理念であった。

これを実践論と関連させて主張したのは永井憲一である。永井によれば、

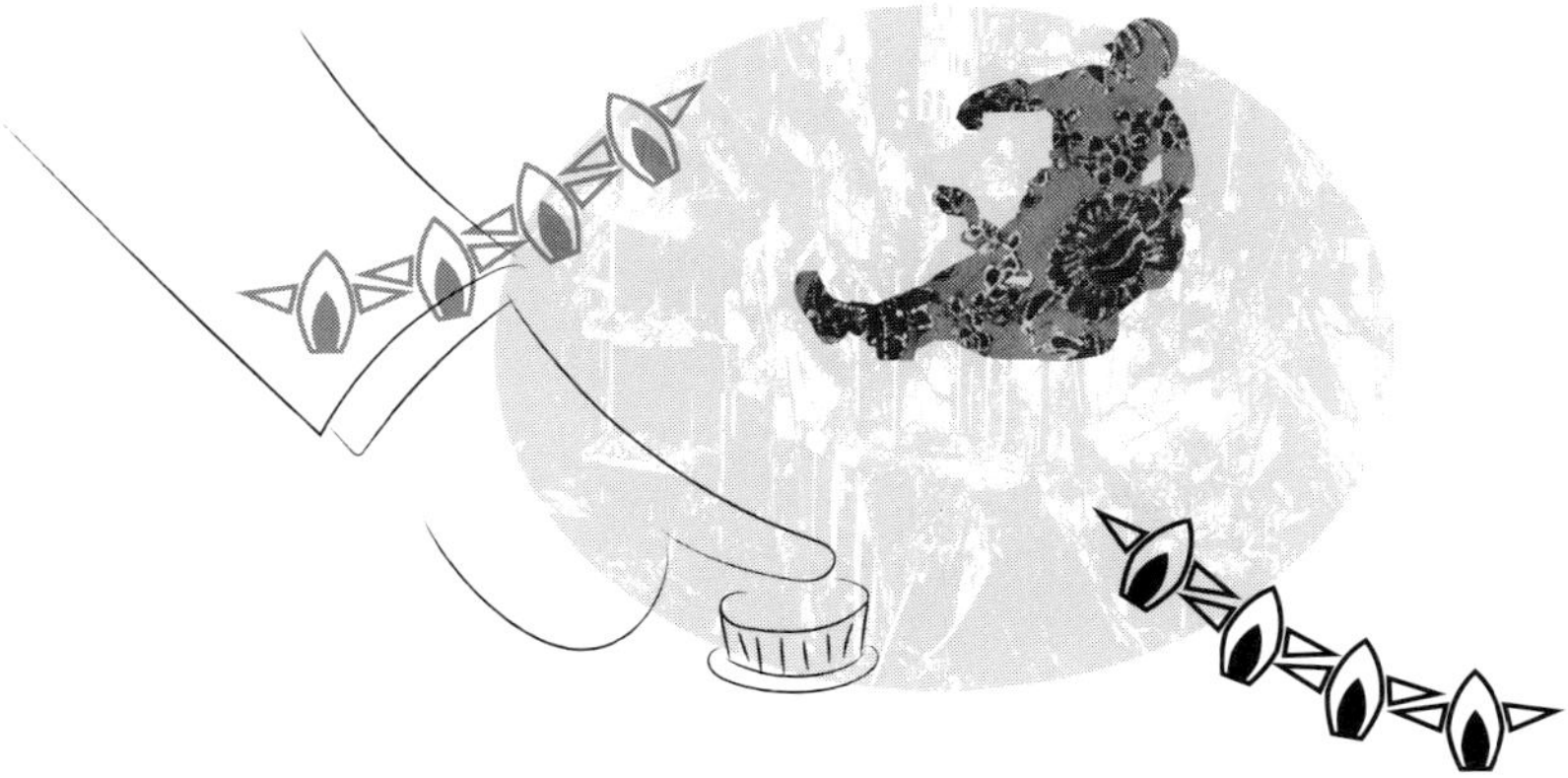

教育基本法の制定は、「旧天皇制教学体制との制度的断絶を明確にするため」であり、「新しい憲法の理念である平和で民主的で文化的な国家の建設を主権者となった国民の手によって実現するための主権者教育を含むものとしての個人主義の教育目的」を掲げることで、国家主義的・軍国主義的教育目的に対峙しようとした、ということになる（＊2）。

したがって、主権者教育を論じることは、国家という枠組みを前提として、国家を構成する人間の養成を目的とした教育を論じることだ、ということになる。では、なぜ、そのような教育論が必要になったのか。そこには、戦後の教育政策への批判がある。

戦後の教育政策の変化

永井は、主権者教育を重視していくことになった状況として、左記のように教育政策の変化を指摘している（＊3）。

まず、朝鮮戦争の開始によってアメリカ軍が警察予備隊の設置を指令したこと、一九五一年のサンフランシスコ平和条約とそれに伴う日米安保条約による米軍の駐留、当時の天野貞祐文相による提唱を契機とした戦前の教育勅語体制の復活論、マッカーサーに代わるリッジウェイ司令官の指令により（政令改正諮問委員会の答申）教育政策が実質的な国家統制の方向に向けられたこと、一九五二年には財界からの教育に対する要望が強くなってきたこと、破壊活動防止法などの制定により思想調査が活発化したこと、アメリカが憲法改正を求める中での一九五三年の池田・ロバートソン会談によって愛国心醸成の教育が約束されたこと、一九五四〜五五年にかけての教育の政治的中立性の論議とそれに伴う教科書検定の強化、一九五六年の地方教育行政の組織及び運営に関する法律の制定による実質的な教育行政の中央集権体制の確立、愛媛での教員への勤務評定をめぐる反対闘争とその後の全国化、そして、一九五八年には学習指導要領が告示文書となり、「道徳の時間」が新設されたこと。

一九六〇年代に入ると、全国一斉学力テストの実施、経済審議会による人材養成としての教育投資論の展開、そして国家主義的色彩の強い「期待される人間像」（一九六六年、中央教育審議会答申の別記）の発表と続いていく。

永井は、このような国家主義的国民形成が教育政策の中で追求されてきたことに対抗して主権者教育が提起された、としている。つまり、民主主義を脅かすさまざまな圧力に抵抗していくために、主権者教育が必要だとしているのである。まさに、政治的な対抗軸の形成という側面から主権者教育は提起されたことになる。

主権者教育権論の展開

永井は、このような主権者教育の実施を「権利」として展開している（＊4）。憲法自体は、教育の理念なり指導原則について具体的な明文規定をおいてはいないが、憲法の理念に従って、教育は平和主義と民主主義を実現する方向にすすめられなければならない。だとすれば、日本国憲法第二六条が保障する国民の教育を受ける権利は、単に教育を受ける機会均等の保障に尽きるものではなく、平和で民主的な国の将来の主権者を育成するという方向・内容の教育を受ける権利のことである、とした。つまり、一定の教育内容を要求しうる権利として教育を受ける権利を解釈したのである。その「要求」には、憲法に謳われている理念に反するような性質のものは含まれないことになる。

永井は、「国民が、主権者としてみずから自覚しみずからがこの社会のなかで主権者として恥ずかしくない行動をとり、そして国民が主権者として次代に主権者としての意識と自覚を継承していく、という役割を生涯にわたって果たしうるような個々の国民が自覚された政治主体として、いいかえれば、よりよき主権者として発達するための自己教育権（そういう意味での「学習権」）が保障されなくてはならないし、同時に、それを保障するための〝自由〟の保障がともなわなくてはならない」（＊5）としている。

主権者教育は、意識に対して一定の方向性（民主的・平和的な国家の形成）を明示し、子どもたちに対して将来において「主権者として恥ずかしくない行動」をとるよう求めている。つまり、ある行動に対してそれが「恥ずかしい」行動であるかどうかを判断しうる立場に誰かがいるということが前提とされており、かつ、そのような判断が可能であるほどに明確な行動基準があるということにもなる。

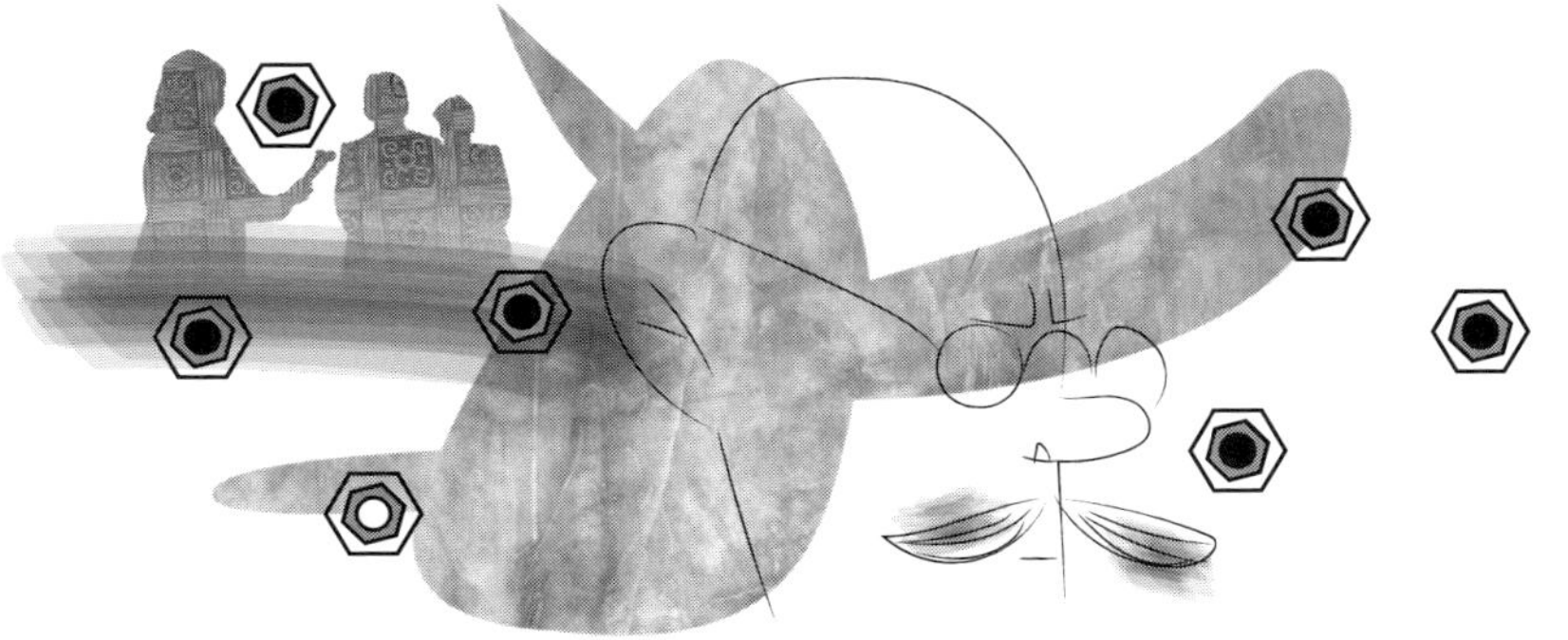

全国教研での主権者教育をめぐる議論

では、主権者教育の具体的な実践においては、なにをどう扱うことになるのか。日教組の全国教研での議論を検討した子安と久保田の指摘をもとに整理すると、左記のようになる。（傍線は池田による）

〈社会科教育分科会〉

・子どもたちに主権者としてのちからの自覚を教育しなければならない（一九六七年）

・政治とは（中略）国の主人公である自分たちが「やるもの」である。それゆえに政治学習はしくみや機能の説明だけではない。主権者意識・憲法意識をどう育てるか（一九五八年）

・公園・プールが（中略）税金で作られたことを知り（中略）自分たちの所有物の一部だという意識が出てきた（中略）。納税者意識は、主権者意識を作るための一つの重要な要素である（一九五九年）

・政治の学習では、主権者意識を育てることが重要（一九六一年）

社会の「主人」を育てうる者、すなわち教員とはどのような性質（権限）をもつと考えられているのか、「主人」を育てる者とは何者か

・主権者意識の内容である税金の処分者意識を培うこと（一九六二年）

〈生活指導分科会〉

・民主主義教育は（中略）子どもたちに主権者としてのちからの自覚を教育し（中略）民主主義的集団の形成の目的を主権者としての力の自覚におくべきである（一九六八年）

・平和的・民主的社会の主人として子どもを育てる（一九七〇年）

これらの内容から、主権者教育とは、「意識」変革の教育であり、民主的社会の主人となるための「自覚」を育てることをめざす教育であることがあらためて確認できる。そして、政治学習のあり方や主権者としての行動力を集団づくりの実践を通して培うことが議論されている。しかし、社会の「主人」を育てうる者、すなわち教員とはどのような性質（権限）をもつと考えられているのか、「主人」を育てる者とは何者かについては議論の対象にはなっていない。

主権者教育論の問題点

永井は「教育を受けることにより、その人間が知識をもち技術をもって生活する手段を身につける、というだけであってはならない」（＊6）と述べ、学んだことをどのように活かしていくかを方向づけている。もちろん、その方向性として示されている「平和」や「民主主義」自体に価値がないというのではないが、学んだことを基に何をどう考えどう行動していくかは個人の自由に任されていなければならないのではないか。民主的社会をめざすのならば、必要なことは、どのような社会を形成するかといった「内容」ではなく、その「過程」ではないのか（＊7）。主権者教育論は、将来の主権者（＝現在の子ども）がどのような社会・国家をつくっていこうとするかという内容面に関して、現時点での主権者（＝大人）が制限を加える図式になっている。

主権者教育が、歴史的に、政府の教育政策への対抗として登場したため、主権行使の結果としての政策内容への関心が中心となることはわかる。しかし、その政策は主権者によって国会で定められた法律に基づいているのであるから（＊8）、結局、政府と当時それに対峙する日教組などの反権力的勢力との攻防の中で、政府批判としての教育が主権者教育として概念化されているといえる。

したがって、主権者教育は、その時代の政治情勢を強く反映させた教育であるということになる。しかも、現状への対抗的な政策や社会のあり方の追求が教育内容として想定されていることを考えれば、投票行動しうる者と主権者像が重なり（＊9）、子どもが主権者から除外されることになる。だからこそ、ここまで見てきたように、主権者を「育てる」ことができると前提することになる。子どもは「将来の」主権者であると位置づけられ、「良き」主権者に育つように導かれねばならず、その内容や方向性が「現在の」主権者によって教育内容として提示されていくことになる。

なお、投票権の行使が主権者としての行動の中核であるとすると、日本国籍保持者以外は、将来において日本国籍を取得することを想定しなければ、主権者教育の主たる対象とはならないことになる。また、そもそも有権者をそのまま主権者と考えていいかどうかといった観点から主権者教育を検討する方向性は見られない。

主権者教育論は、このような価値志向性を強くもった上で、それを教育しうるという前提に立っている。ここからは、当然、「中立性」の問題が

「ある一定の価値に基づく社会の実現のための「意識」をもつことが主権者教育の成果として求められている」

出てくるだろう。

おわりに

一八歳選挙権をめぐって「主権者教育」の必要性が言われるようになり、その流れの中で政治的中立性が学校現場に強く求められるようになった。日教組全国教研で議論され、永井が主張するような主権者教育は、これと同様に、選挙と深く関連付けられていた。ある一定の価値に基づく社会の実現のための「意識」をもつことが主権者教育の成果として求められている。それは「平和」「民主主義」「自由」といった価値を実現する社会であるのだから、そのような教育には問題はないと感じられるかもしれないが、果たしてそうだろうか。

永井が述べていたように「個々の国民が自覚された政治主体」となるように意識化されていくことが主権者教育によって成し遂げられるのだとすれば、どのような社会を良しとするかは、その「自覚」に任せるしかない。一方で、その「自覚」や「意識」を一定の方向に導こうとしている。自ら決定することが大切であるという趣旨での主権者教育が、その決定の方向性を示しているという矛盾を抱え込んでしまっている。

「主権者教育」がかなり漠然とした、そして論理的にうまく整理できていない概念であるにもかかわらず、それを口にする者のそれぞれの希望やそれを基にした社会のイメージの不明瞭なままでの共有によってかろうじて支えられている教育論であることがわかる。

＊1　子安潤・久保田貢「初期『主権者教育論』の研究」、『愛知教育大学教育実践総合センター紀要』第三号、二〇〇〇年三月、九～一六頁。なお、このように他者の自覚や意識を育てることができるという前提に立った教育実践自体に問題がある点は、次章で原理的に説明されているので、本章では「主権者教育」と称して何が実践されていたのかに焦点を絞り、そこに含まれる問題点を指摘したい。

＊2　永井憲一『教育法学』エイデル研究所、一九九三年、六一頁。

＊3　前掲書、七四～七九頁。

＊4　以下、永井憲一『主権者教育権の理論』(三省堂、一九九一年)を参照。なお、永井の主張の背景には、家永教科書訴訟においてその対立図式が明確にされてきた「教育権」をめぐる論争―国家の教育権か国民の教育権か―がある。

＊5　前掲書、二七二頁。

＊6　同右。

＊7　ここからは、民主主義が、「自由」「権利」「平和」といったような通常は民主主義という政治形態の優位性を示すとされる性質を内在させているわけではないということが示唆される。「極端な不平等、権利を侵害する警察と監視、(中略)言論、集会、信仰の厳しい制限、(中略)戦争、植民地主義(中略)、もしデモスがそれを欲し、それに賛成したのであれば、そうした現象は民主主義的でないと言ってみても無駄である」ということになる。反対に、自由や寛容、機会均等などの性質をもつ政策が非民主主義的体制によって発令されうるということでもある。(ウェンディ・ブラウン／中井亜佐子訳『いかにして民主主義は失われていくのか』みすず書房、二〇一七年、一三六頁)

＊8　「主権者であれば(中略)彼の立法権限に法的制限はあり得ない。(中略)法の存するあらゆる社会にはこうした性質を備えた主権者が存在する」(H.L.A. ハート／長谷部恭男訳『法の概念』ちくま学芸文庫、二〇一四年、一二〇頁)

との指摘は、「主権者を育てる」という教育論の困難性を明らかにしている。

＊9　主権者教育論が想定する社会の形成者としての主権者のイメージは、モーリス・ブランショ（Maurice Blanchot、一九〇七〜二〇〇三年、仏）によるつぎのような市民像に近いのではないか。「自分の必要や考えにしたがって票を投じることに飽き足らず、投票した後にそのたった一つの行為がもたらす結果に関心を抱き、必要な行動に対しては距離を取りながらもその意味については考え、発言もすれば、黙りもする一市民。」（安原伸一朗訳『問われる知識人』月曜社、二〇〇二年、一三頁）あるいは、主権者教育がめざす民主主義の実現された社会における主権者に期待される行動とは、丸山眞男が指摘するように「制度の現実の働き方を絶えず監視し批判する姿勢」（『日本の思想』岩波書店、一九六一年、二〇一四年改版、一七三頁）に裏付けられたもの、ということになるのだろう。

「主権者教育」論の弊害と教育の限界

金井　利之

はじめに

折に触れて、「主権者教育」や「有権者教育」という議論や実践が浮上することがある。例えば、文部科学省は、二〇一六年六月一三日に、「主権者教育の推進に関する検討チーム最終まとめ」を公表している（＊1）。これを受けて「主権者教育推進プロジェクト」に取り組んでいるようである。担当部局は、文部科学省生涯学習政策局青少年教育課であり、政策体系としては、学校教育ではなく、「青少年の体験活動の推進」「子どもの読書活動の推進」「青少年を取り巻く有害環境対策の推進」「青少年教育施設に関する調査研究等」などと並び、「青少年の健全育成」の一部のようである（＊2）。

当該「最終とりまとめ」の副題は、「主権者として求められる力を育むために」ということであり、「主権者教育の目的を、単に政治の仕組みについて必要な知識を習得させるにとどまらず、主権者として社会の中で自立し、他者と連携・協働しながら、社会を生き抜く力や地域の課題解決を社会の構成員の一人として主体的に担うことができる力を身に付けさせること」としている（傍線引用者）。

二〇一一年に総務省は「常時啓発事業のあり方等研究会」を設置して、新たな啓発事業の検討を行った。同年一二月の最終報告書により、『主権者教育』が提言された（＊3）。同報告書においては、これまでを振り返り、「国や社会の問題を自分の問題として捉え、自ら考え、自ら判断し、行動していく主権者を育成していくこと」を「主権者教育」と捉えた（傍線引用者）。この提言を踏まえ、総務省及び選挙管理委員会により、学校等における出前授業の推進等の取組が行われた。さらに、二〇一五年の公職選挙法改正により、選挙権年齢が一八歳以上に引き下げられたことに伴い、若年層に対する主権者教育の必要性が一気に高まったという。担当部局は、総務省自治行政局選挙部選挙課であり、政策体系としては、選挙制度の一環である。

さらに総務省は、二〇一七年三月に、「主権者教育の推進に関する有識者会議とりまとめ」を公表している。それによれば、「継続的に投票参加する主権者の育成」という見出しのもと、主権者教育を「社会の出来事を自ら考え、判断し、主体的に行動する主権者を育てること」と定義する。そして「主権者の育成は、小さい頃から意識を醸成していくことが肝要」

主権とは、もともとは、中世の封建領主の割拠のなかで、君主による絶対王制を正統化するための理屈である

で「より以前の「子供の段階から」の積み重ねにより、習慣付けていくこと」で「子供から大人に至るまで、学び続ける主権者を育成する」とした（九頁）。

以上のような文書に書かれている「主権者として求められる」とは、一体、誰が主権者に求めるのであろうか。「主権者として……主体的に担う」とあるように、主権とは権利や権力ではなく、誰かのために担うべき重荷・苦役・義務のようである。また、「主権者を育成していく」「主権者の（を）育成」「主権者を育てる」とは、上から目線の内容である。つまり、政府の進める「主権者教育」からは、「身に付けさせる」とか「習慣付けていく」という傲慢な印象を受けざるを得ない。そこで、以下では、「主権者教育」について、被治者である個々人による行政に対する統制という、自由＝民主主義の観点から、検討してみたい。

主権という発想は、基本的に宜しくない

主権とは、もともとは、中世の封建領主の割拠のなかで、君主による絶

「国民主権は、君主主権と同じように、大変に危険な概念である」

対王制を正統化するための理屈である。主権は地上における最高権力・権威である。君主に主権があれば、貴族や教会などの領主の領地・領民も都市や市民も、全て君主の支配に服する。主権という用語は、一人の専制支配と非常に仲がよい。つまり、主権という言葉が好きな人は、一人による支配が好きな人かもしれないということに、注意した方がよい。

君主と結合した主権概念を否定するのは簡単ではなかった。

君主に主権があれば、個々人の自由は君主の恣意的支配によって封殺され得る。だから、君主から実際の統治権力を分離・分割するのが、権力分立（三権分立）である。こうすれば、仮に主権という発想が残ったとしても、君主や為政者集団による専制支配を防げる。こうして、個々人の自由、あるいは、広く基本的人権を保障する。そのための方策が憲法であり、立憲主義である。本来、立憲主義と主権とは仲がよくない。

また、主権という発想を残したまま、君主や為政者集団が専制支配をすることを否定するには、君主に主権があることを否定する必要がある。このようにして登場したのが、国民主権（または人民主権）である。もっとも、国民主権は、君主主権と同じように、大変に危険な概念である。主権とは地上における最高権力・権威であるから、国民主権とは、国民が何をやってもよいということである。国民は、何をやってもよいのだから、特定の個々人をギロチンに懸けても、粛清・虐殺しても、民族浄化しても、よい。つまり、仮に国民主権になっても、君主主権のときと同様に、個々人の自由や基本的人権は保障されないこともある。だから、国民主権とか主権者などという用語を安易に使う人は、人権侵害が好きな人かもしれないということに留意した方がよい。

国民とは誰か？

主権とは地上における最高権力・権威である。だから、特定の時間・空間には唯一しかない。主権が複数あるならば、どの主権が最高なのか分からないから、そもそも、主権ではない。主権が複数存在するのは、時間・空間によって、なわばりを分ける限りである。主権間の紛争や協力を決着する術はないから、外交による合意か、戦争による強制しかない。ここでも、主権とは、個々人の自由や基本的人権とは仲がよくない。

主権が唯一しかないということは、国民主権を考えると大変に困ったこ

とになる。一億二五〇〇万人もいる個々人がそれぞれ主権者である、などということを、一般には考えるかもしれない。しかし、それは主権という発想とは相容れない。国民主権というときの主権者である国民は、現実に存在する個々人ではないのである。なぜならば、個々人は意見が違うのだから、個々人がそれぞれ主権者であるならば、誰が最高権力・権威者か分からなくなってしまうからである。これは主権概念の否定である。

主権という発想を使うのであれば、国民主権において、あくまで、唯一の意思を持った不可分の一体の国民が、主権者である。とすると、国民主権と言うときの国民とは、個々人の多様性や自由・権利の否定なのである。主権者としての国民などと安易に言う人は、個としての人間が嫌いな人かもしれないということに、気を付けた方がよい。君主主権は一人の君主の専制であるが、国民主権は一体集団としての国民の専制である。

では、そもそも、一体集団としての国民はどこにいるのだろうか。具体的には見えない。君主の身体は存在する。しかし、国民という身体は想像または空想のなかにしか存在しない。現実には、一部の個々人集団が、勝手に「自分（たち）が国民だ」と僭称して、他の個々人を支配するだけである。主権は唯一であるから、結局、誰か一人、または、全く意思が異ならない少数集団が一体として、他の諸個人を抑圧することでしかない。それは、革命集団にせよ、皇帝にせよ、将軍様にせよ、前衛政党・一党支配政党にせよ、政権選択選挙による勝者（選挙独裁・多数派専制）にせよ、テロリストにせよ、カルト教団にせよ、国民投票による勝者（プレビシット）にせよ、人々の熱狂的喝采を受けるポピュリストにせよ、いずれも国民主権の名の下に可能である。

さらに、日本の場合には、こうした明示的な少数集団による専制さえ必要ない。「みんながおまえのことをウザいと思っている」という屁理屈で、教育現場ではいじめが正当化されてきたのが、本音の実態である。「みんな」とは具体的には誰かは分からない。分かるのは、「みんな」から排除されて名指しされる特定の生徒のみである。名指しする側の特定の個人は、自分の意思ではなく、「空気」である「みんな」の意思を忖度して体現しているだけである。

大人の世界では、「みんな」とは「国民＝主権者」である。「国民＝主権者」は何をやってもよい。排除されるのが特定の少数者であり、さらにいえば、「非国民」である。つまり、国民主権とは、個々人の自由や基本的人権の保障という観点からは、極めて危険を伴うことなのである。

個々人の自由から出発する自由主義と民主主義

こうしてみると、国民主権とは、基本的には有害な発想である。国民主権という発想は、個々人の自由という観点からは、君主主権による専制を否定する仕事をすれば、もはや出番はない。だから、近代的な憲法制定によって、個々人の自由を保障することを終えれば、もはや、主権者の登場する場面はない。主権＝憲法制定権力とはそういうことである。静かに憲法のなかで眠りに就くのが正しい。

国民という主権が、再び登場すべきなのは、君主・支配政党・独裁者などが、自らを主権者として宣言するときに、それを否定する局面である。しかし、君主や一党支配者・独裁者が国民主権の名の下で、「国民のみなさんとともに」などと称して、実質的な専制（僭主制）をするときには、国民主権は対抗力として役立たない。むしろ、一強支配の専制を強化するだけである。つまり、重要なことは、平等な個々人の自由と権利であり、国民主権ではない。

このように論じると、では、民主主義は必要ないのか、という疑問が生じるであろう。簡単に言って、個々人の自由から出発すれば、民主主義は当然の帰結である。個々人が平等にそれぞれに自由を持てば、全ての個々人が政治に平等に参加する権利を持つしかない。特定の人間集団のみが政治を行うのであれば、それ以外の人の自由や権利は押さえられているからである。全ての個々人が政治に平等に参加する権利を持つ自由を重んじる政治体制を、通常は民主主義と呼ぶ。

個々人の自由から出発する民主主義にとって、国民主権という発想は不要である。不要であるどころか有害である。国民主権という発想に立つと、国民が最高権力者・権威者であるから、何をしてもよいという専制支配が可能になり、特定の個々人の権利を侵害できる。しかし、個々人の自由から出発する民主主義の場合には、出発点を壊してはならないから、何をしてもよいということにはならない。

なぜならば、自由主義＝民主主義のもとには、何をしてもよいという主権者は不在である。あくまで、平等な個々人の参加によって、政治的決定を行うだけある。しかし、その出発点は、個々人の平等な自由の権利である。従って、自由主義＝民主主義は、多数決であろうと奪ってはいけない

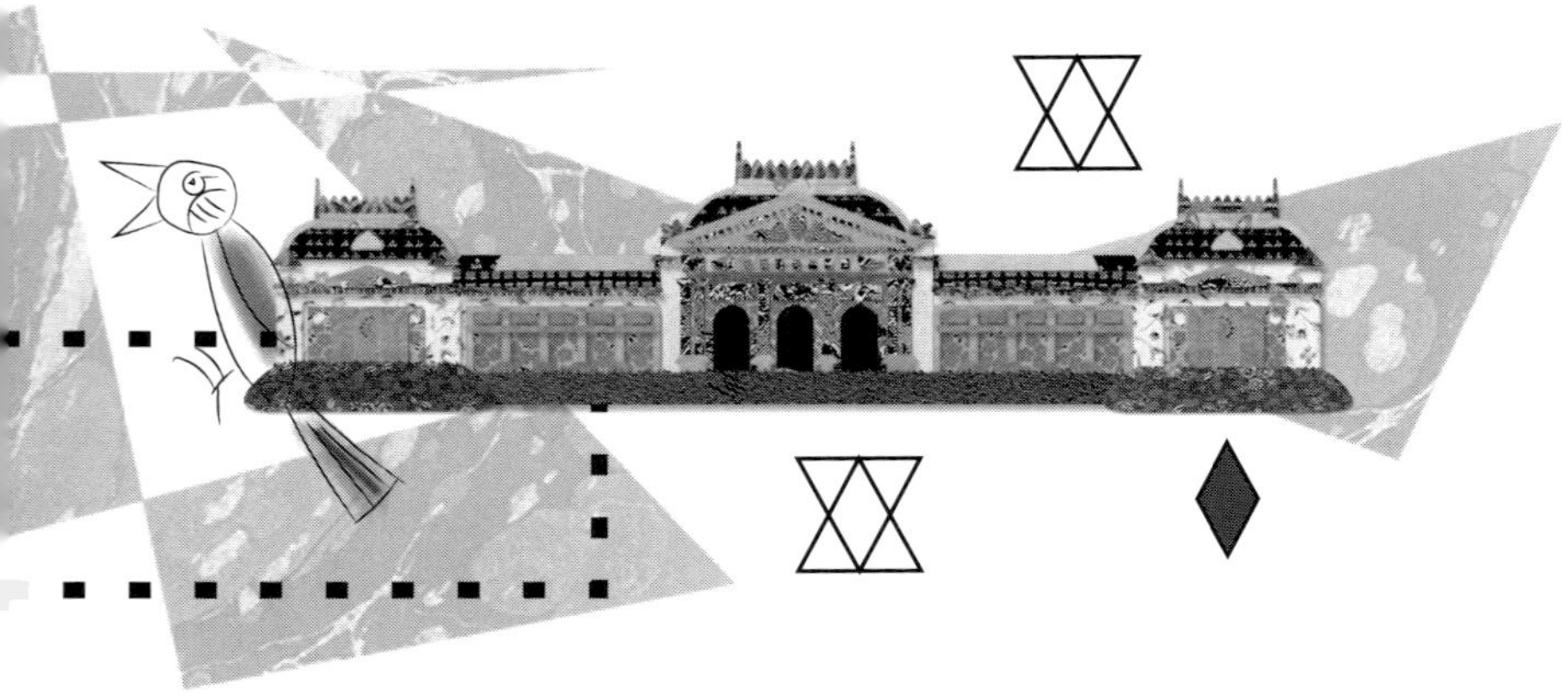

個々人の平等な自由の権利がある。自由主義＝民主主義は何をしてもよいというのではない。民主主義は国民主権とは異なるのである。

いわゆる「主権者教育」の内実は、「有権者教育」である

こうしてみると、漫然と「主権者教育」を行うことは、個々人の自由その他の基本的人権の保障にとっても、個々人の平等な政治的自由（参政権・思想表現の自由権など）をもとにした自由主義＝民主主義にとっても、極めて危険な行動であることがわかるであろう。

もっとも、現実に「主権者教育」と呼ばれているものは、有権者として政治に参加するための教育であると考えられているかもしれない。現実の個々人は、国家・政治家・政党のプロパガンダや印象操作、マスコミの偏向報道、インターネットやSNSの過激な意見やフェイクニュースやヘイト言説に惑わされがちなので、正しく判断できる主体に成長しなければならないという考えもあろう。特に、若者は未熟であるから、教育によって指導する必要があるというわけである。こうして、政治的リテラシーを高

め、きちんと情報を収集して、議論して、投票できる人材として育成すべきだ、という「有権者教育」が出て来る。
では、「有権者教育」ならば問題はないのだろうか。そんなことは全くないのである。

たとえ「有権者教育」でも、あってはならない

自由主義＝民主主義とは、平等な個々人が政治的自由に基づいて政治を動かす仕組である。個々人から選挙や要望・意見表明などの信託を受けて、代表である政治家が具体的に決定を行う。そのような政治的決定の枠組のもとで、文部科学省・教育委員会のような教育行政は行動し、また、学校・教員などは児童生徒に教育を行う。児童生徒は、一部は有権者であるが一部は有権者ではない。しかし、時間とともに、いずれ全員が有権者になる。学校で「主権者教育」の名のもとで、「有権者教育」が進められるのはこうした構造である。

しかし、自由主義＝民主主義において、「有権者教育」はあってはなら

「有権者教育」とは、あってはならない教育権（力）の濫用である。…現在の教育行政・教育を差配する権力者・為政者が、自らの意向に沿うような有権者像を作り、それに向けて教育を行うものでしかない

ない。なぜならば、「有権者教育」とは、あるべき有権者に向けて、教育行政・学校などが個々人を教育することである。いわば、教育行政・教育が有権者を、あるべき形に向けて指導することである。しかし、そもそも、自由主義＝民主主義においては、個々人は、為政者から支配されない政治的自由権を持つはずである。ところが、「有権者教育」とは、個々人の政治的意見の形成を、教育行政・教育によって阻害することである。

自由主義＝民主主義では、有権者が教育行政・教育を統制するのが、この順序である。教育行政・教育が有権者を形成するのではなく、有権者が教育行政・教育を形成するのである。「有権者教育」とは、あってはならない教育権（力）の濫用である。「有権者教育」とは、要するに、現在の教育行政・教育を差配する権力者・為政者が、自らの意向に沿うような有権者像を作り、それに向けて教育を行うものでしかない。「有権者教育」は、個々人の自由に対する脅威である。

未有権者（子ども）に対する「有権者教育」は、なぜあってはならないのか？

確かに、大人である有権者に対して、「（現）有権者教育」を行うことが、教育行政・教育の越権であるとしても、現時点では非有権者（＝一八歳未満）を中心とする初等中等学校教育においては、「（未）有権者教育」は有り得るのではないか、という意見もあろう。いわば、未来の有権者に対する、あるいは、立派な有権者に発達するための、「有権者教育」である。こうすれば、現在の有権者の政治的自由は、「有権者教育」によっては、支配されていないから、ことの順序にも反しないように見える。

しかし、非（未）有権者である子どもに対する「有権者教育」は、大人に対する社会教育・生涯教育としての「有権者教育」より、さらに悪質である。現在の有権者が、自分にとって都合がよい有権者像を作り、「有権者教育」として次世代に押し付け、現世代に都合のよい次世代を（再）生産することだからである。

自分たちで自分たちを教育する？

自分たちのことを自分たちで決める民主主義なのだから、現在の有権者が判断して望ましいと決定した内容である「有権者教育」を、教育行政・教育を通じて、有権者自身に対して行うことは、問題ないのではないか、という見方もあるかもしれない。しかし、民主主義とは全体主義・集団主義ではないのである。「いじめ」社会の日本では、民主主義を「みんなによるいじめ」と、はき違えている人は多い。しかし、それが誤りであることは、すでに明らかになっていよう。

自由主義＝民主主義は、個々人の政治的自由の結果として、誰もが他者に支配的であってはならない、ということから導かれるものである。単に自分たちのことを自分たちで決めるという話ではない。当然、民主主義的な多数派の決定であっても、少数派である個々人の政治的自由を侵してはならない。「有権者教育」は、多数派によって、望ましい有権者像を全ての個々人に教育指導する点において、重大な政治的自由の侵害である。「有権者教育」は、自由主義＝民主主義においては、許されない。

> 個々人の政治的自由とは、仮に被治者の九九・九%が納得していることであっても、それに対する異論の自由を保障することなのである

正しい政治的中立へ

「主権者教育」は言うまでもなく、「有権者教育」も、個々人の政治的自由とも自由主義＝民主主義とも、相容れない。専制君主にせよ、特定少数の為政者集団にせよ、公民の多数派であるにせよ、誰が担い手か分からない漠然とした「空気」にせよ、それらが進める教育は、個々人の政治的自由に対する大いなる侵害となり得る。従って、教育は、全ての個々人の政治的自由を保障するという意味で、政治的中立でなければならない。

政治的中立性とは、特定個人、特定の為政者集団だけではなく、国民の多数派の意見からも、民衆の圧倒的なコンセンサスからも、自由でなければならない、ということである。個々人の政治的自由とは、仮に被治者の九九・九%が納得していることであっても、それに対する異論の自由を保障することである。こうしてみると、「主権者教育」「有権者教育」などを企画する前に、教育行政・教育が自ら反省すべきことは山ほどある。

為政者は、多数の有権者の支持を得たとして、教育行政・教育を通じて、個々人に対する教育を行う。為政者・多数派およびその差配の下にある学

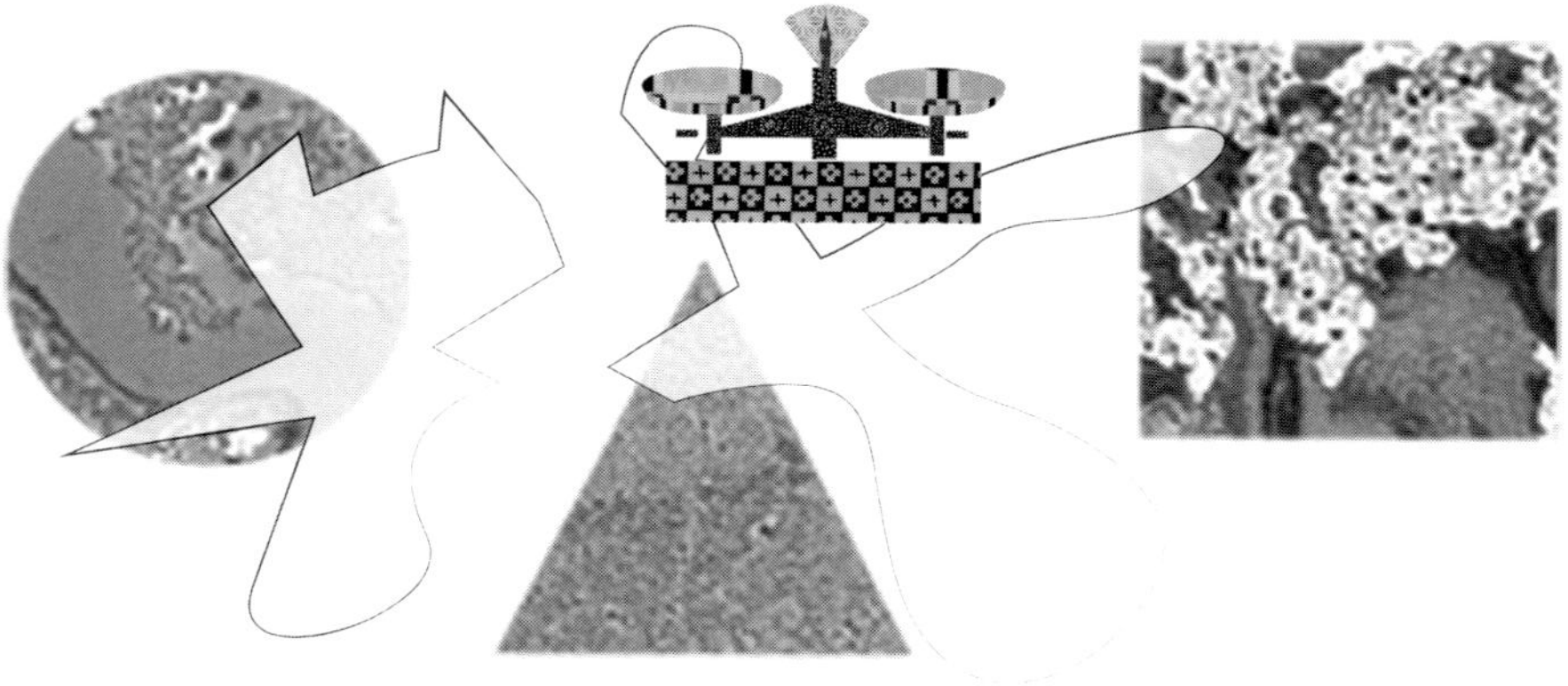

校・教員（以下、為政者等）は、自らの「意見」や自らが考える「事実」を「正しい」と思って教育を行うこと自体が、個々人の政治的自由に対する介入であり、政治的中立性への侵害である。ところが、現在の為政者等は、自らが「正しい」と考える「意見」や「事実」以外のことを、為政者等の許容範囲を超えて教育することを、「政治的中立性」の違反と考えているようである。全く逆である。

現在の為政者等が、為政者等が「正しい」と考える「意見」や「事実」以外のことも含めて、多元的な内容の教育をすることのみが、真の意味での政治的中立性である。しかし、為政者等が、そのような寛容なことをすることは、極めて難しい。政治的中立性を踏まえた教育行政・教育を行うことは、極めて難しく、多くの為政者等は、そのような能力を持たないであろう。自由主義＝民主主義において、敢えて教育をしなければならないとするならば、「有権者教育」ではなく、為政者等こそが教育されるべき存在なのである。しかし、為政者等は、そのような謙虚な資質・態度・能力を持っているとは、とても思えない。

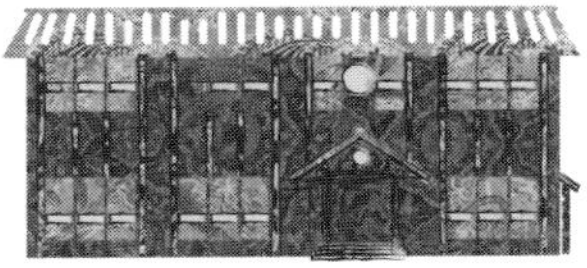

おわりに

以上のように見てくると、「主権者教育」も「有権者教育」も、個々人の政治的自由などの基本的人権や、それを基礎にした自由主義＝民主主義体制とは相容れないようである。教育は、権力の権力による権力のための、自己の既得権益の確保の営みになりやすく、常に要注意の活動である。

その意味で、自由な個々人からなる社会全体で教育をいかに最小化し、中和するかが肝要である。教育は多ければ多い方がよいのではなく、教育は少なければ少ない方がよい。しかし、為政者等の権力者が、自己の権益拡大のために教育をすることに欲望を持つことは避けがたい。そこで毒を以て毒を制すべく、いかに多元的な教育を確保するかが、教育によって教育を相殺することが、現実的に重要になるのであろう。

加えて、為政者等による教育・教育行政を抑制するだけでは、教育の政治的中立性を維持できない。民間団体であっても、宗教・政治・経済・文化などの権力を持っているのであって、これらの団体が社会的権力を行使して、政治的中立性を侵害する教育を行う危険は大きい。教育行政を通じた学校教育を最小化するだけでは、社会全体に遍在する教育を最小化することにとっては、充分ではない。民間団体が政治的中立性を侵害し、個々人の政治的自由を抑圧する教育実践を行うことは避けがたい。また、民間団体の活動自体は政治的自由の発露でもあるから、公的権力によって規制されるべきものではない。しかし、こうした民間団体の政治的中立性の侵害という政治的自由の濫用が、統治機構を通じて、教育行政・教育の政治的中立性を侵さないように、相互監視をすることが求められている。新たな意味での「政教分離」（政治と教育の分離）が求められるのである。

＊1　http://www.mext.go.jp/a_menu/sports/ikusei/1369165.htm
＊2　http://www.mext.go.jp/a_menu/01_e.htm
＊3　http://www.soumu.go.jp/main_sosiki/kenkyu/syukensha_kyoiku/index.html

「政治的中立性」問題を問い直す

菊地　栄治

「政治的中立性」という隠れ蓑

結論を先取りして言えば、「政治的中立性」の名のもとに政治的活動を禁止すること自体が「主権者であること」と根本的に矛盾している。最近の流れをふりかえってみる。

まず、二〇一五年六月、公職選挙法の一部が改正され選挙権年齢が一八歳以上に引き下げられた。これを受けて、文部科学省は、同年一〇月、従来の通達「高等学校における政治的教養と政治的活動について」（一九六九年）を廃止し、新たに「高等学校等における政治的教養の教育と高等学校等の生徒による政治的活動等について」を通知した。新旧いずれも生徒による政治的活動を制限または禁止する内容を多く含んでおり、とりわけ教育現場を必要以上に委縮させるものである。たしかに、教育基本法は（一四条二項）「法律に定める学校は、特定の政党を支持し、又はこれに反対するための政治教育その他政治的活動をしてはならない」としている。しかし、あくまでも禁止されるべき活動主体は学校である。主権者たる生徒ではない。今次の通知によれば、政治的活動とは「特定の政治上の主義若し

「政治的中立性」の名のもとに政治的活動を禁止すること自体が「主権者であること」と根本的に矛盾している

くは施策又は特定の政党や政治的団体等を支持し、又はこれに反対することを目的として行われる行為であって、その効果が特定の政治上の主義等の実現又は特定の政党等の活動に対する援助、助長、促進又は圧迫、干渉になるような行為をすることをいい、選挙運動を除く」ものである。効果の範囲や程度、あるいは支援等の影響をどのように判断するか、その基準はきわめて曖昧である。法律により処罰の対象になることについての細やかで具体的な規定を含まないまま各自治体や教育現場に下ろされていくことで、自粛効果は増していく。実際、愛媛県では二〇一六年三月、県立のすべての高校（特別支援学校、中等教育学校を含む五九校）に新年度より校外の政治活動に参加する生徒に学校への事前届出を義務付けたという報道がなされた（『朝日新聞』二〇一六年三月一六日、朝刊一面）。しかし、個人情報保護条例の規定によって生徒の行き先等が把握できないことを勘案すれば、「生徒の安全のため」という理由づけが虚飾であることは明らかである。

法改正にあわせて総務省・文部科学省が作成した副教材『私たちが拓く日本の未来』の「活用のための指導資料」は、模擬選挙の指南に加えて「指導上の政治的中立の確保等に関する留意点」の説明に多くの頁を費やして

> 転倒した論理によって、教育システムは「従順な国民」をつくる道具としての性格を強めていく

いる。本来であれば、政府は主権者によってその政治的権力の行き過ぎや誤りを正される位置にあるが、立場が逆転している。転倒した論理によって、教育システムは「従順な国民」をつくる道具としての性格を強めていくのである。

これらの制度改正自体が政治教育を歪めるのではないかという疑念が生まれる。まさに「政治的中立性」が委縮へのマジックワードとして政治的に利用され、現代日本の教育と社会の問題構造を見えづらくしている。

教育社会の現代的位相――父権主義という根っこ――

政治的中立性の名のもとに政治活動を自粛することは、何よりも現代日本の教育と社会の関係性の歪みを隠蔽・追認・強化することを意味している。ここでは重要な特徴として、四つの変化を挙げておきたい。

第一に、新自由主義である。市場原理に委ね、サービス等の質を競い合わせることで価値が生み出されると信じられている。基準は消費者による商品選択である。競争によって生み出された価値によってセーフティネッ

トが張り巡らされ、結果的に「安心社会」が実現するという。教育改革の分野においても新自由主義は拡大してきた。たとえば、学校選択制等の制度改革は、学校などが提供するサービスの価値を市場原理（＝教育消費者の選択）に委ね、顧客満足度を最大化するものと期待された。しかし、実際には義務教育段階での学校間格差の拡大をもたらすとともに、「強い個人」になることによってのみ人々は「不安」から逃れられるという幻想をふりまいた。結果として、昨今の労働中心主義や労働条件の悪化・差別化を促す動きにもつながっている。小さな政府をめざす動きは、アングロサクソン系諸国に限らず、東アジア圏などにも拡大・浸透し始めている。新自由主義のもとでは、個々人は付加価値を生み出す人的資源とみなされ、生産性に応じて序列化されていく。経済のグローバル化にともなって、人々にはますます「できること」が求められ、個々人もそれを内面化し、他者と分断されていく。「個別支援」という耳触りのよいことばさえも、分断された現実への目隠しとなる。構造的な暴力は自己責任に帰されてしまい、選択の自由の名のもとに資本主義という怪物が小さな声をかき消していく。この経済問題は政治的イシューなのであるが、経済のグローバリゼーションが「避けられないトレンド」と認識されることで、政治的に問題化

されにくい。

第二に、新保守主義である。これは、新自由主義の綻びを「一元的アイデンティティ（例：日本国民）」へと縫い合わせるものである。労働力としての個人は国境を越え、資本も流動する。既得権益層が経済的な価値を生み出すかどうかにのみ関心を寄せ、国家への忠誠心の無意味さに気づくことになれば、国家は存立が危うくなる。バラバラにされた諸個人を愛国心や郷土愛という感情的な結びつきや共同体主義を促す「教育」等によって再び接着される必要がある。ナショナリズムを内面化しつつ経済価値を最大化するために働くのが優良な国民とされる。国家のみならず、さまざまな自治体や学校においても、このアイデンティティへの執着が生まれる。国家へのアイデンティティを増進させる儀礼的な活動やシンボルへの上からの強制と下からの従順がかみ合う。個人が国家をコントロールするのではなく、国家が個人の内面まで操作するという関係性の転倒も刷り込まれていく。インフォーマルな同調圧力や麗しき家族愛もまた新保守主義の温床として利用される。

第三に、形式主義である。とりわけ官僚主義がこの傾向に拍車をかける。形式主義の特徴は、目標と手段の切り離しにある。当事者の声の届かない地点で定められた目標について当事者が独自の問いをはさむことを禁じられ、粛々と忠実に実行に移すことに専念させられる。「職員会議は議決機関ではない」という性格規定によって、ますます学校組織の形式主義に拍車がかかる。しかも、政治主導を錦の御旗に、行政委員会＝教育委員会の独立性が貶められる。結果としてもたらされるのは、当事者の沈黙と思考停止状態であり、対話的関係の劣化である。複雑な対話のプロセスを省力化し、政治主導でスピーディーな意思決定を優先させる。教員自身が現実を読み解き、それによって自分自身が揺さぶられることでかれらがよりよく変わっていけるチャンスが奪われる。その代わりにあれもこれもの資質・能力が外部から求められ、教員たちは忙殺されていく。やがて学校組織も自己革新のエネルギーを吸い取られ、内発的で持続可能な革新を諦める組織文化が拡がっていく。

第四に、功利主義である。たとえば、ジェレミー・ベンサムが設けた救貧院の発想が現代にも受け継がれている。「当人のため」という言い訳を添えて、きわめて差別的な対応がなされていく。救貧院がそうであったように、当人のために良心的なケアが用意され、当人以外の者たちも不快な状況や心痛める煩わしさから解放されていく。お互いに分離されながら「幸福の総量」を高め、「最大多数の最大幸福」を追い求める。異質な他者を通して自らを捉え直していくという学びの機会は奪われていくのである。

これら四つの変化は、「政治的中立性」を求める声と重なる。いわば共犯関係にある。串刺ししているのは、父権主義（パターナリズム）である。当人のために良かれと思ってなされるという点で正当化されやすい。主権者教育も「政治的中立性」を前提条件とするとき、異論が抜き取られていく。主権者が「偏った意見」に洗脳されないように……。しかし、主権者たる高齢者に主権者教育を施したり、「偏った意見」に触れないような配慮をしたりするだろうか。どこかで一八〜一九歳の若造にも選挙権を与えてやっているという父権主義的な傲りがある。つまり、私たちが問題にすべきは「偏った意見」や特定の政党や政策への支持・同化ではなく、父権主義に「洗脳」されない学びを展開させることである。まさに生徒自身から問いを奪わないことが欠かせない。父権主義は、理性的で先を見通すことができると思い込む人たち、とくに男性たちがよしとする価値や方法を人々に押し付けがちである。「本人のために」という言い訳を添えて、父権主義は活性化する。私たちが「政治的中立性」を問う上で、この父権主義の罪深さに気づくことが欠かせない。

「政治的中立性」はこの四つの社会変化とそれらを貫く父権主義を批判的に関連づけてはじめて、困難な状況を打開する道筋へとつながる。「政治的偏向」を批判する議論自身もまた「政治的中立性」という父権主義イデオロギーに毒されないように注意を払わなければならない。

高校教育の現実と「政治的中立性」

（１）四つの変化を象徴する出来事

昨年の流行語大賞有力候補として、「森友問題」「加計問題」「忖度」の三つが挙がっていた。これらは、憂うべき変化を見事に表している。単なる政治スキャンダルではなく、皮肉にも現代の教育と社会のいびつさを人々に意識化させるきっかけとなった。たとえば、「森友問題」で話題になったシーン……。園児たちが「教育勅語」を得意げに朗誦させられる姿は、戦後教育批判の先の具体的な実践の理想形としてその奇天烈さを印象付けた。まさに新保守主義の未来像である。「加計問題」は、規制緩和の名のもとでスピード感をもって実行される改革がじつはこれほどまでに危うい

ものであり、公正さを微塵も感じさせない営みであることを白日のもとにさらした。「男たちの悪巧み」はSNS上の冗談ではなく、軍事産業や原子力産業をはじめとして規制緩和の突き進もうとしている現実である。政治主導の名のもとに、すでに富裕層のためにさらなる利益を生み出させることは新自由主義ならではの趨勢であった。加えて、保身のために権力の欲望を「忖度」し、トップダウンを下支えするために嘘をつく官僚の姿は、形式主義そのものである。面従腹背がせめてもの抵抗という残念すぎる官僚たちの生態をお茶の間に届けてくれた。まさに政治主導の危険性そのものでもある。岩盤規制を破壊し、トリクルダウンでやがて国民の利益になるのだからという見立ては、功利主義的な思い上がりでしかない。

行き過ぎた「政治的中立性」の主張は、こうした出来事に気づかせないようにとの国家等の「配慮」によってなされている。たとえば、先にみたように、主権者教育を行政主導で展開されていた際に、生徒の政治活動の制限について「忖度」した自治体も見られた。「高校生の政治的活動」はどこまで制限されるべきかという問題である。意見の分かれる問題は、教育の中では往々にして扱われなくなる。対立する意見を丁寧に扱い、単純にひとつの声にしないこと、そして、その過程で一人ひとりが他者と出会

大人たちが生み出したいまの社会が「間違っているかもしれない」ということをきちんと認識することが共通の出発点

い相互的主体変容していくことが学びとして保障されなければならない。とりわけ、より有利な位置にあり多くの資源を持つ者が学んでいく必要がある。大人たちが生み出したいまの社会が「間違っているかもしれない」ということをきちんと認識することが共通の出発点のはずである。このことを同じ主権者としていっしょに考え行動していくということが期待される。

(2) 高校教員の意識から見た教育現実

校種によっていくらかの違いはあるが、いま学校組織は「社会のいたらなさ」をリアルにかつ深く学ぶ機会を逸し始めている。ましてや、「社会問題や政策などをテーマとしたディベートや話し合い」の経験はきわめて乏しい（公益財団法人明るい選挙推進協会「18歳選挙権認知度調査」二〇一五年七月）。多忙化の中で、概して、教員の自律的な意識は劣化させられ、形式主義の担い手とさえなっている。カリキュラム・マネジメントの必要性が謳われながら、「マネジメント=管理」という大いなる誤解のもと、上意下達のシステムを支えるモードに変えられる。たとえば、生徒たちが社会の現実課題、とりわけ、日常を生きる他者と向き合い、いっしょに解決策を考えていくという学びはやせ細っていく。多忙化の状況が学びの省力化を促し、自律性を明け渡していく。「政治的中立性」もまた、この効率化のための都合のよいキャッチフレーズ＝逃げ場となる。主権者教育も模擬投票で多数決主義を学ぶような浅い民主主義をなぞるにとどまるとすれば、小さき声に耳を傾けない社会を押し広げていくにすぎない。とりわけこの国は異質な存在に対して成熟した構えを養いづらい社会である。そのいたらなさを前提として、「弱さを含みもつ主体」を育てていきたい。

主権者教育が、方法主義に陥ったり新たなる「〇〇教育」として付加されたりするのではなく、日常の教育活動において「社会のいたらなさ」や「人間の弱さ」を認識しつつ、生徒が主体となって社会のリアリティに迫り得るものでなければならない。同じ主権者の地点に立ち、「いっしょにやってみること」を忘れないでいたい。

【参考文献】

・大島佳代子「学校内外における生徒の自治活動の自由」『日本教育法学会年報』

第四六号、有斐閣、二〇一七年、一〇八‐一一六頁
・久保田　貢「『主権者教育論』再考――その歴史と現在――」『教育学研究』第八四巻第二号、二〇一七年、一三〇‐一四一頁
・佐貫　浩「教育に浸透する国家――今、政治的中立とは何かを考える――」『教育』九月号、国土社、二〇一五年、一二三‐一二五頁
・渡部　淳「主権者教育とは何か――『18歳選挙権』導入を機に――」『世界』五月号、岩波書店、二〇一六年、二一九‐二二七頁

学校に持ち込まれる「○○教育」で疲弊しないために――英語教育を例に考える

淺川　和也

はじめに

選挙権年齢が一八歳となるなか、主権者教育がクローズアップされた。時流によって、さまざまな課題が学校に持ち込まれる。主権者教育もそのひとつといえる。○○とつく教育を調べてみると、とてもたくさんある。○○教育が現場の意図とはかけはなれたところから持ち込まれることも多い。○○教育によって現場は疲弊するかのようだ。

戦後、何度か英語ブームはあったが、「『英語が使える日本人』の育成のための戦略構想」（二〇〇二年）、そしてそれによる「『英語が使える日本人』の育成のための行動計画」（二〇〇三年）が策定され、「グローバル化に対応した英語教育改革実施計画」（二〇一三年）として、英語教育改革が着実に実行されている。「生徒の英語力の検証」には検定試験を活用するとある。実用面のみがとりざたされているが、学校での英語教育の意義は別にあるのではないか、○○教育の○○を目途とするのではなく、○○を通じて実現されるであろう内実を問いたい。

教科の固有性をこえる目的論

高校で一〇年間つとめた。教科は英語科だった。教科の固有の内容と方法はもちろんあるが、教室・学校・地域における教育のいとなみとは、何か。「何年勉強しても、英語が話せない」との批判を耳にする。こうした実用英語を求める声はかねてからあったが、近年、小学校への英語科の導入がなされるなかで、拍車がかかっているようにも思う。○○教育は何を目指すのか、英語教育からも考えてみたい。

当初、工業高校で英語を教えたが、「何で勉強するの」という生徒からの反発があった。必要性を説いても仕方がない。なんとかその時間、机に向かって、課題にとりくませたいということだった。新米教師は、教科書をどう教えるかに四苦八苦していて、教科書をも開けようとしない生徒に、書き込みプリントをつくって、書き入れたらハンコを押すというやり方まででした。

民間教育研究団体の研究会に参加すると、何のために英語を教えるのか、英語教育のみならず外国語教育の目的は民主的人格形成なのだと、論議し

ていたのは新鮮だった。このことは、いわゆる語学学校でスキルやスコアの向上を目標とすることに比して興味深い。目の前の生徒たちは、どうやら英語を学んでいるのではなく、教科を通して、教科でのこと以上の何かを得ていたように思えた。

中身のある教材を求めて

戦後、米国の家庭を舞台にした教科書で、型にはまったフレーズを反復練習させる、すなわち文型を置き換え練習するパターンプラクティスが紹介された。そのような無味乾燥なやり方に疑問をいだいた教師たちは、生徒が内容に共感したり、考えを深めるような自主教材を持ちよるようになる。現場教師は中身のある教材を追求してきた。英語の教材をみると、さまざまな社会的問題もとりあげられ、教科の垣根をこえることがなされているかのように思える。また戦前からの生活綴り方に学び、生徒の現実に即した自己表現活動をも模索したのであった。

外国語教育は、第二言語としての英語教育研究からの理論に依拠すると

英語は社会に出て役に立つので勉強するようにと、教師は生徒に説くが、多くの生徒にとって、英語の勉強は受験のためであって、英語が自己実現の手立てとなるとは思えない。となれば、何のために勉強をするのであろうか

ころが多い。第二言語としての英語教育は、例えば、英米で海外からの人びとが、英語を学ぶことである。学んでいる言葉を実際に使う場面が想定され、その必要性もある。日常において、英語を使う場面もないのに、わたしたちのように英語を学ぶのは、外国語として英語を学んでいることになる。その社会に適応する必要もないのに、否応なく学ぶのであり、学ぶ側の動機はあまり問われない。他方、外国語としての英語教育では、学ぶ必然性は乏しく、いかに目的を見いだすかが、鍵となる。

英語は社会に出て役に立つので勉強するようにと、教師は生徒に説くが、多くの生徒にとって、英語の勉強は受験のためであって、英語が自己実現の手立てとなるとは思えない。となれば、何のために勉強をするのであろうか。英語を学ぶということが、かつて実用か教養かという論争があった。昨今の「使える英語」の隆盛に、教養としての英語教育は見る影もないが、英語を学ぶこと以上の何かになっているのではないかと思いたい。つまり、他の○○教育と同じように、○○のためという実利主義ではなく、それ以上のものなのである。

「英語が使える日本人」

英語科での目標は中学校卒業段階では、挨拶や応対、身近な暮らしに関わる話題などについて平易なコミュニケーションができる（卒業者の平均が実用英語技能検定〔英検〕3級程度）とされる。また高等学校卒業段階では、日常的な話題について通常のコミュニケーションができる（卒業者の平均が英検準2級〜2級程度）とし、「中学校・高等学校を卒業したら英語でコミュニケーションができる」とある。そして「大学を卒業したら仕事で英語が使える」とのことから大学では「仕事で英語が使える人材を育成する観点から、達成目標を設定」するとされている。

しかし、マスコミでは一部企業では会議を英語でおこなうなど、グローバル化が進展しているとされるが、おおくの者にとって英語とは疎遠である。むしろ、国際理解のためには、近隣アジア諸国の言語の方が必要とされるのではないだろうか。さらに、海外からの人びとが流入するのに、英語よりは、日本語の方が有用だとされる。

また、どのような英語をモデルにするかも問われなければならない。現

在では多様な英語（World Englishes）を認める動きもあるが、戦後、模範とされたのは、当然、米国中西部の英語であったし、発音についても限りなくモデルに近づくような指導がなされる。ノンネイティブである学習者が、ネィティブに近づこうとするわけで、英語を学べば学ぶほど劣等意識にさいなまれることになる。実利主義による英語は、ビジネス誌の見出しで「英語で勝ち組」といった広告に代表されるように、格差をもたらすものになっている。

小学校英語教育は大きなマーケット

英語教育は大きな市場を形成している。文部科学省も教育産業すなわち「民間教育事業の振興」を掲げている。以前からも児童英語教室での早期教育はなされていたが、小学校での英語活動がはじまるとともに、企業や団体が教育委員会の委託を受けて学校に講師を派遣したり、研修を請け負うようになった。J-SHINE（NPO法人小学校英語指導者認定協議会）という団体による資格制度もつくられている。

多くの研究者からの批判もあるが、指導要領の改訂により、二〇二〇年より、小学校五・六年生で外国語（実態としては英語）が教科となり、これまでの外国語（英語）活動は、三・四年生でなされることになる。そこでの目標は、「外国語を通じて、言語や文化について体験的に理解を深め、積極的にコミュニケーションを図ろうとする態度の育成を図り、外国語の音声や基本的な表現に慣れ親しませながら、コミュニケーション能力の素地を養う」とされる。

民間教育研究団体が論議してきた民主的人格形成は、小学校英語教育でもあてはまるのだろうか。「異なる文化をもつ人々との交流等を体験し、文化等に対する理解を深めること」とも指導要領にあるが、まさにインクルーシブな社会に求める多様な価値につながるはずであろう。そのためには、外部テストによる評価ではなく、英語を学ぶことにより何が得ることができるかを考えるべきではないだろうか。

おわりに

「○○のための教育では、その成果が性急に求められ、教育本来の意義を見失ってしまうのではないか」

○○教育にかかわって、英語教育を例に考えてみた。○○教育の○○に焦点化するのではなく、いずれにおいても通底するような原理を再確認することができたらよい。英語教育のように「英語が使える日本人」のためとなると、実用主義に陥る。○○のための教育では、その成果が性急に求められ、教育本来の意義を見失ってしまうのではないか。○○のための教育ではなく、○○をとおして、実現される教育の内容は何か、ゆっくりと問いたい。

求められるまま「アクティブな市民」を育てるのか？
――「主権者教育/シティズンシップ教育」を問う

堅田香緒里

シティズンシップ教育とは

「主権者教育」はしばしば「シティズンシップ教育」と同一視されたり、その一部であるとみなされたりすることがある。その一例として、若年者に対する主権者教育のあり方等について議論するために総務省が開催した「常時啓発事業のあり方等研究会」の最終報告書（二〇一一年）を挙げることができよう。同研究会は、「生活が豊かになるに従い、人々の価値観は多様化し、政治に対する関心は相対的に低下した」が、「若者も年配者もそれぞれに、社会的知識の欠如や政治的無関心では通用しない社会になってきている」という状況認識の下、「時代に即した新しい『社会に参加し、自ら考え、自ら判断する』主権者の姿を念頭に、常時啓発のあり方について検討を行ってきた」という。そして、そうした主権者を育てること――主権者教育――を、「シティズンシップ教育」の中心をなすものとして導入すべきであると訴えている。

では、シティズンシップ教育とは何なのか。この問いに答えるために、シティズンシップ教育の「先駆者」とされるイギリスにおける議論を見てみよう。イギリスでは、いわゆる「クリック・レポート(＊1)」(一九九八年)を受け、シティズンシップ教育がカリキュラム化されることになった。同レポートが強調するのは、民主主義において、異なる意見の対立や論争は排除すべき要素ではなく、むしろ重要な要素であるということである。このため、シティズンシップ教育は、特定の考え方を生徒に啓蒙することではなく、政治的中立性を維持しながら、自分とは異なる他者の考えを理解し、同時に自分自身で判断し行動していく力を養うことを目指すべきである、とされる。さらに同レポートの主要な執筆者であるバーナード・クリックは、このようなシティズンシップ教育においては、ボランティア活動等を通した「社会参加」と共に、政治文化の変革を担う「アクティブな市民」の育成、そしてそのための政治的リテラシーの教育が重要であると論じている(＊2)。

シティズンシップの「権利」と「義務」

ではそもそも、そこで「教育」されるシティズンシップとは何か。シティ

市民の「義務」をより強調し、誰もが「アクティブな（active）市民」として社会に参加し貢献することを求めるようなシティズンシップ論が台頭してきた

ズンシップの概念を確立したとされるT・H・マーシャルによれば、シティズンシップとは、「ある共同社会（a community）の完全な成員である人々に与えられた地位身分（status）」のことであり、「この地位身分を持っている人々は、その地位身分に付与された権利と義務において平等である（＊3）」という。

さらにマーシャルは、シティズンシップを市民的権利、政治的権利、社会的権利の三要素に分類し、なかでも「福祉や最小限の安全」の請求権を含む社会的権利を強力に擁護することで、福祉国家を支える思想的基盤を提供してきた。ところが、福祉国家の「危機」以降、このような「権利」を中心に据えたアプローチが想定している、福祉を受給する「受動的な（passive）市民」という市民像が批判に晒されるようになる。そして、むしろ市民の「義務」をより強調し、誰もが「アクティブな（active）市民」として社会に参加し貢献することを求めるようなシティズンシップ論が台頭してきたのである（＊4）。

先述したシティズンシップ教育が志向する「アクティブな市民」という考え方は、こうした文脈においてよりよく理解されるだろう。従来の福祉国家により親和的なのが権利中心のシティズンシップであるとすれば、義

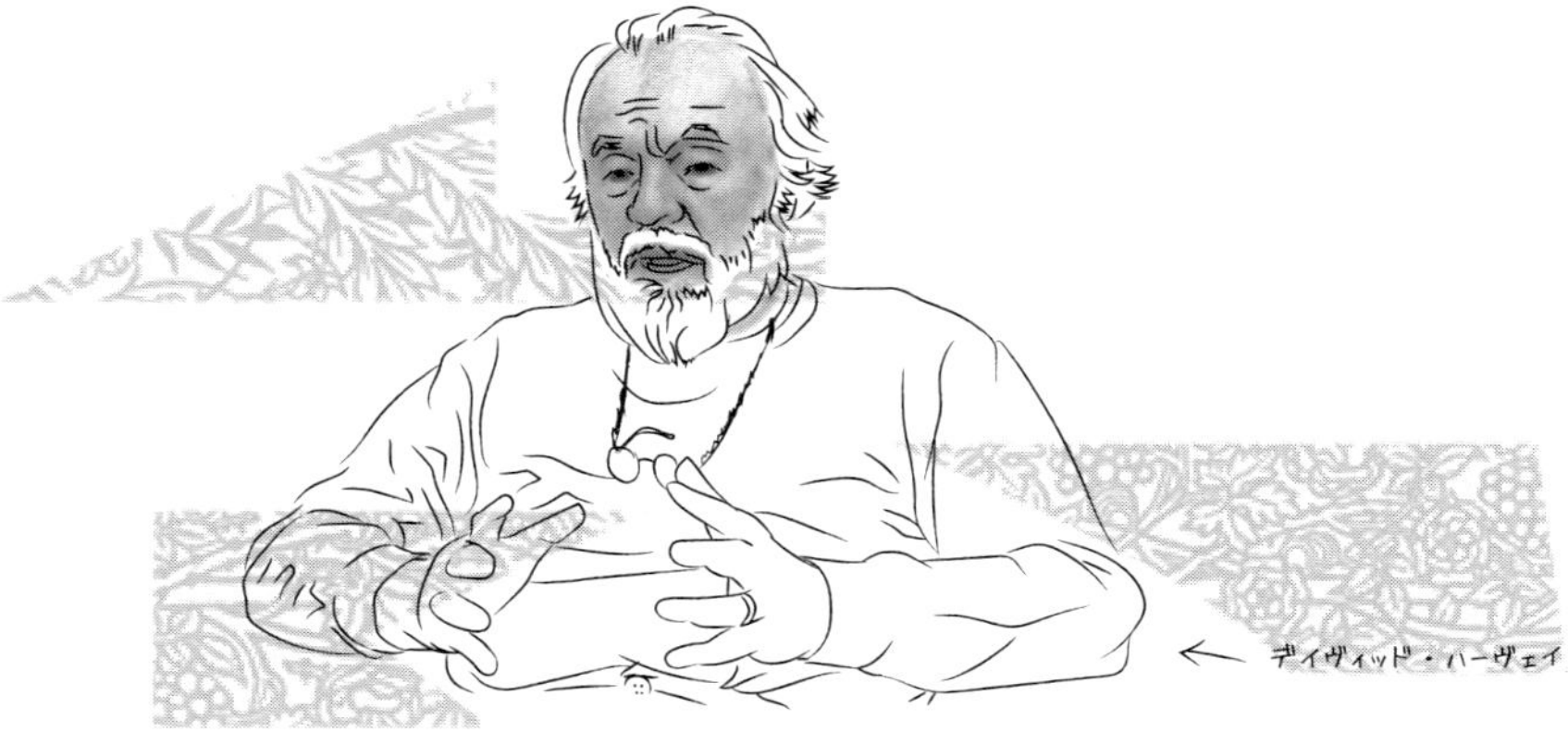

務中心のシティズンシップは、今日の新自由主義的《ネオリベラル》な社会投資国家により親和的だといえよう。

福祉国家の新自由主義的再編と「アクティブな市民」

じっさい、「社会参加」と「アクティブな市民」は、一九九〇年代後半以降、福祉国家の新自由主義的再編において頻繁に用いられてきたキーワードである。デイヴィッド・ハーヴェイによれば、新自由主義とは、個々人の企業活動の自由とその能力とが無制約に発揮されることによって人類の富と福利が最も増大する、と主張する政治経済的実践の理論である（＊5）。つまりそこでは、「自由」と「能力の発揮」とが重視されるわけだが、これを二つの段階に分けて論じることもできる。ペックとティッケルは、新自由主義を「ロールバック型」と「ロールアウト型」の二つに分けて理解している（＊6）。「ロールバック型新自由主義」においては、国家は小さな政府を志向し、市場から撤退（ロールバック）していく。例えば一九八〇年代イギリスのサッチャリズム等がこれにあたる。そこでは企業

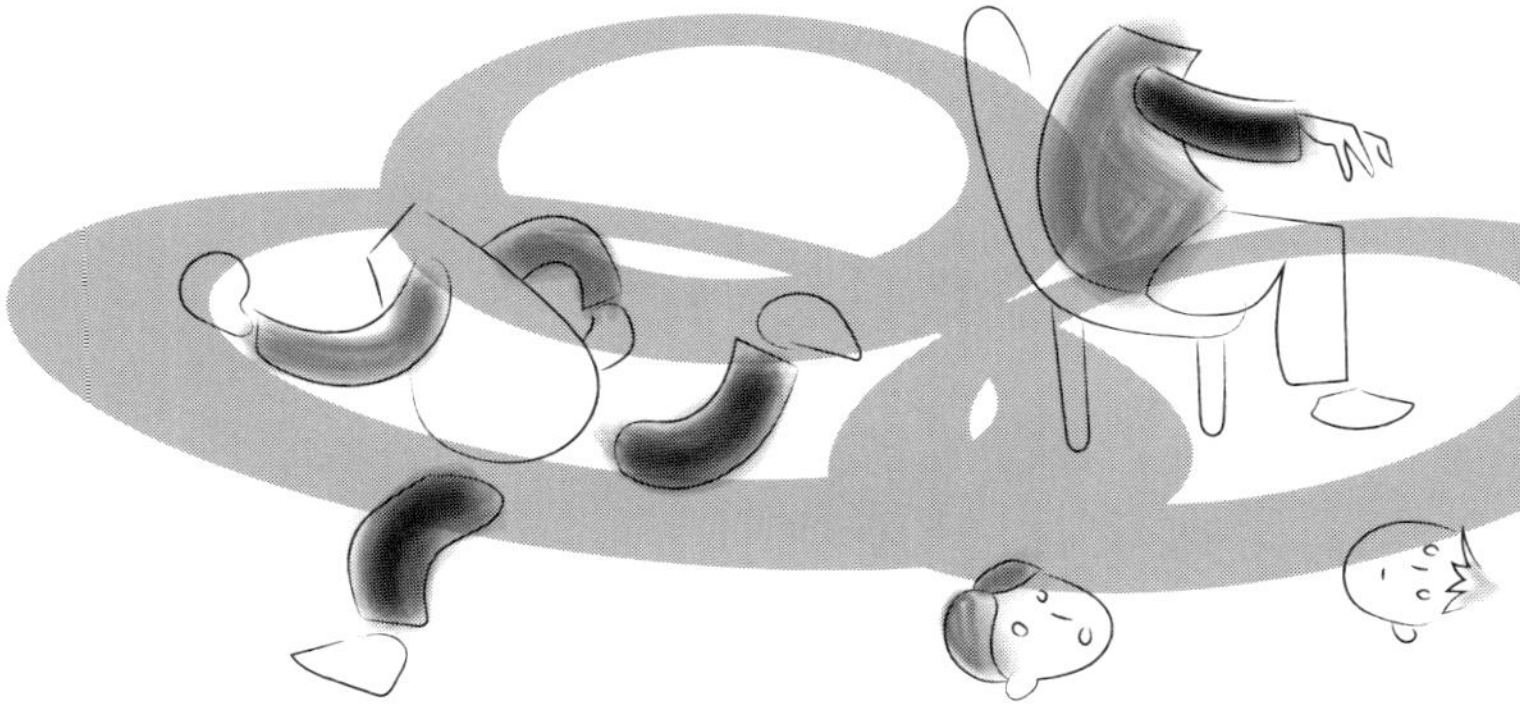

活動の「自由」と、そのための規制緩和と民営化が何よりも重視されるであろう。これに対し、「ロールアウト型新自由主義」においては、国家は、市場の自由を最大化するためにむしろ積極的役割を果たしていく。そこでは、あらゆる市民が「アクティブな市民」となって、その「能力」を発揮し、国家の肩代わりをすることを期待される。例えば一九九〇年代イギリス・ニューレイバーの「第三の道」がこれに当たるだろう。

ハーヴェイはまた、新自由主義は単なる形而上学的な理論というよりは、私たちが世界を解釈し、生活し理解する常識（コモンセンス）に一体化してしまうほど、思考様式に深く浸透するという。その教養は、私たちの道徳や価値に介入し、そうした教養を疑わず「常識」とみなし、これに隷従するような主体の形成を働きかけるのだ。とするならば、その神髄は、規制緩和や民営化を通した市場の「自由」の拡大というよりはむしろ、そうした教養に隷従する主体を形成し、その「能力」を活用すること――「ロールアウト型」――にあると言えるのではないか。

「第三の道」の推進者であったアンソニー・ギデンズは、国家の理想的モデルについて以下のように述べている。

「もはや私たちは、人的資本であるより前に、その生を無条件に保障される人間であることは出来ないのだろうか。別様の主権の在り様を構想することは出来ないのだろうか」

指針とすべきは、生計費を直接支給するのではなく、できる限り人的資本に投資することである。私たちは、福祉国家のかわりに、ポジティブ・ウェルフェア社会という文脈の中で機能する社会投資国家を構想しなければならない（＊7）。

つまり「第三の道」のような福祉の「ロールアウト型」再編様式においては、生計費としての福祉を直接給付するよりも、人々を「人的資本」とみなし、職業訓練や教育などを提供し、できる限りその「能力」を発揮してもらう方が望ましいとみなされる、というわけだ。これは、日本の「参加型福祉社会」や「一億総活躍社会」においても同様である。このような「ポジティブ・ウェルフェア社会」ないし社会投資国家では、もう誰も受動的な福祉の受給者のままではいられないし、それぞれができる限り「アクティブな市民」となることを求められるのだ。こうした文脈において導入されたものこそ、先のシティズンシップ教育であり、主権者教育なのである。もはや私たちは、人的資本であるより前に、その生を無条件に保障される人間であることは出来ないのだろうか。別様の主権の在り様を構想することは出来ないのだろうか。

主権の外部から、よりラディカルな民主主義へ

シティズンシップ教育が養成しようとしてきた「アクティブな市民」、あるいは主権者教育が養成しようとする「主権者」とは異なる市民や主権のあり方は、どのように構想できるだろうか。こうした試みのための一つのヒントとして、長年障害者の自立生活運動に取り組んできた中西正司と、フェミニズム運動を牽引してきた上野千鶴子の手になる著書『当事者主権』（二〇〇三年、岩波新書）を紐解いてみよう。彼らは、以下のように述べる。

当事者主権は、何よりも人格の尊厳にもとづいている。主権とは、自分の身体と精神に対する誰からも侵されない自己統治権、自己決定権をさす。私のこの権利は、誰にも譲ることができないし、誰からも侵されない、とする立場が「当事者主権」である。（中西・上野二〇〇三年、四頁）

「当事者主権」とは、私が私の主権者である、私以外のだれも――国家も、家族も、専門家も――私がだれであるか、私のニーズが何であるかを代わっ

て決めることを許さない、という立場の表明である。（ibid.: 五頁）

ともすると当たり前のようにも聞こえる主張だが、何故、障害者や女性は、こうした一見「当たり前」と思われることを「わざわざ」言わなければならなかったのか、この点こそが問われなければならない。言うまでもなく、障害者や女性が「わざわざ」こうした主張をするのは、これまで市民／当事者としての「当たり前」の要求、即ち「私のことは私が決める」というもっとも基本的なことを奪われてきたからである。そうした剥奪は人格の尊厳の否定に他ならない。「当事者主権」の考え方は、私たちに、このような剥奪の上に成立するようなシティズンシップや主権の浅薄さに気づかせてくれる。

マイノリティ発信の、この当事者主権という考え方は、第一に、多数決民主主義に対抗せざるを得ないだろう。というのも、多数決では、障害者のようなマイノリティは決して多数派にはなれないからだ。そして第二に、代表制の間接民主主義ともぶつかるかもしれない。というのも、「私のことは私が決める」という当事者主権の中心的な考え方は、誰も誰かの声を代弁することは出来ないという代理＝表象の不可能性を前提としており、

「なによりもまず、これまで主権の埒外に置かれてきた人々の声を聴くことから始めなければならないのではないだろうか」

その意味で誰かがそれを代弁できるという代表制の考え方を否定するからだ。

別様のシティズンシップや主権の構想に求められるのは、多数決民主主義や間接民主主義を前提とした「模擬選挙」等を中心とした「主権者教育」ではないし、「政治的リテラシー」を身に着けた「アクティブな市民」あるいは「人的資本」として「能力」の活用に努めることでもないだろう。なによりもまず、これまで主権の埒外に置かれてきた人々の声を聴くことから始めなければならないのではないだろうか。

重要なのは、「アクティブな市民」になることでも、模擬選挙等を通してテクニカルな「政治的」ふるまいを身につけることでもない。そもそも選挙権を持たない者や選挙権の行使を実質的に阻まれてきた者、間接民主主義の下では絶対に少数者にならざるを得ない者がいること。障害者や女性のような「社会的弱者（少数者）」は一般に、「人的資本」としての価値を値踏みされ、その価値を低く見積もられてきたこと。そうした社会の在り方を問い直し、主権の埒外に置かれてきた「少数者」の声に耳を傾け学び、そこからあらたな社会を構想すること。そうした作業が求められているのではないだろうか。

＊1　イギリスのシティズンシップ諮問委員会の最終報告書『学校におけるシティズンシップと民主主義の教育』のこと。同委員会の座長を務めたイギリスの政治学者バーナード・クリックの名にちなんで一般に「クリック・レポート」と呼ばれる。
＊2　バーナード・クリック『デモクラシー』岩波書店、二〇〇四年。
＊3　T.H. マーシャル・トム・ボットモア『シティズンシップと社会的階級―近現代を総括するマニフェスト』法律文化社、一九九三年。
＊4　権利中心であろうが義務中心であろうが、いずれのシティズンシップ論も、国民国家への帰属（国籍）や、ジェンダー化された市民像とそれに基づく公私二元論を前提としており、国境の内外で、様々な人を排除する装置でもあることを付言しておこう。
＊5　デイヴィッド・ハーヴェイ『ネオリベラリズムとは何か』青土社、二〇〇七年。

＊6　Peck, Jamie and Adam Tickell（2002）"Neoliberalizing Space." Eds. Neil Brenner and Nik Theodore. Spaces of Neoliberalism: Urban Restructuring in North America and Western Europe. Malden: Blackwell. 33-57.

＊7　アンソニー・ギデンズ『第三の道』日本経済新聞社、一九九九年、一九六 - 一九七頁。

自分自身を承認できる学校へ

桜井智恵子

学校が生み出すもの

なぜ、この国では貧困や精神疾患、多忙に甘んじる市民社会が拡大するのだろうか。それに対する市民による社会への抵抗が小さいのか。国会における政治活動が無責任な展開を重ねても、その暴走を止める市民社会の関心が他国と比較し著しく低い。市民社会の政治への無関心はいったいどこから来るのであろうか。

民主主義によって戦争が起こることもあれば、さまざまな抑圧や統制への抵抗が生じることもある。しかし、現在の日本では、分断された自己を生き、他者との比較に忙しくなった人々の感情や理性はますます狭量なものになり、抑圧への抵抗どころか、時代は戦争に近くなってしまった。全体主義を生み出すような状況に引き寄せられている。経済中心の政治・社会的状況が、個人の業績をより求め、私たちもそれを内面化するようになっている。

戦後民主主義教育の時代から教育現場では、授業や学校活動の中で部分的な「自治的活動」がひとつのチャレンジとして重ねられてきた。「子どもの参加」などの実践を通し、子ども「主体的」活動の実践がよしとされてきた。学校における政治教育の是非が論じられて以降、主権者教育にフォーカスが置かれてきた。

一方で、自助努力を強調する能力主義に基づいた教育が子どもたちに自己責任を内面化させている。社会の在り方に疑いの目を向けさせずに政治的無関心を助長させている。無意識のうちに障害や学力の有無で人を選別するまなざしを植え付け、差別や排除の意識を生み出す場に学校はなっていないだろうか。

そこで本稿では、市民社会の無関心のつくられ方と学校を重ねて論じ、人間らしい暮らしをテーマ化できる市民社会をめざし検討したい。

自己責任の内面化

二〇一七年一〇月。安倍晋三首相による突然の衆院解散表明、小池百合子都知事が率いる希望の党の設立、民進党リベラル系による立憲民主党の発足……。衆院選公示前に大学の講義で説明した国政の急展開について、受講する学生約二七〇人が戸惑うのも無理はなかった。

若者の政治意識の低さを嘆く風潮がある中、政治的無関心は小学校から高校までの教育の「成果」とも言えないだろうか。現代の学校現場で、子どもたちが批判的に物事を考える機会が奪われているのではないか

そもそも大学入学後に新聞を初めて読んだという学生が少なくなく、政治的な話へのアレルギーが強い。身の回りで政治を語る大人もほとんどいない。一八歳選挙権が二〇一六年導入されたが、選挙に関心があるのはわずか五％ほどだった。

若者の政治意識の低さを嘆く風潮がある中、政治的無関心は小学校から高校までの教育の「成果」とも言えないだろうか。現代の学校現場で、子どもたちが批判的に物事を考える機会が奪われているのではないか。

テストの点数をいかに上げるかに追い立てられ、集団の和を乱さないように陰に陽に規律をたたき込まれる。助けが必要なときに他者を頼ることは「依存」と見なされ、自助努力で生きることが大事だという価値観が教え込まれる。教育現場は、学力やコミュニケーション能力で人の価値が計られる能力主義によって貫かれ、自己責任という考え方を刷り込む場となっているようにも思われる。そこには、共に生きる社会や国の在り方を考えたり、能力主義によって正当化される経済格差の拡大に疑問を持ったりする余地はない。

打てば響くようなあいさつをする学生は多い。学校教育が求める「明るく、元気に」という規律がしみついているのだろう。でも、友人に悩みを

打ち明けることが苦手な学生は少なくない。常に周囲に気を配り、張り詰めた空気の中を無意識のうちに生きている。

自己責任を強いる風潮は社会に行き渡っている。二〇〇一年の小泉純一郎政権の構造改革を機に拍車が掛かっている。その源流をたどると一九八〇年代の中曽根康弘政権の新自由主義政策に行き着く。政府の役割を縮小し、民間に委ねて経済活性化を図ろうとする政策だ。同政権肝いりの臨時教育審議会答申では、国際競争に勝つために個人の能力を高める教育を重視する方針が打ち出された。近代の経済成長に資する人材育成を狙う教育政策が、臨教審以降の日本では強化され、じわじわと現場に浸透した。

現在の教育現場の状況は、臨教審の方針を三〇年余りかけて強化してきた歴史の必然ともいえる。市民にとっては、何事もうまくいかないのは個人の頑張りが足りないから、という自己責任の考え方が常識になっている。

自分の存在を否認してしまう空間

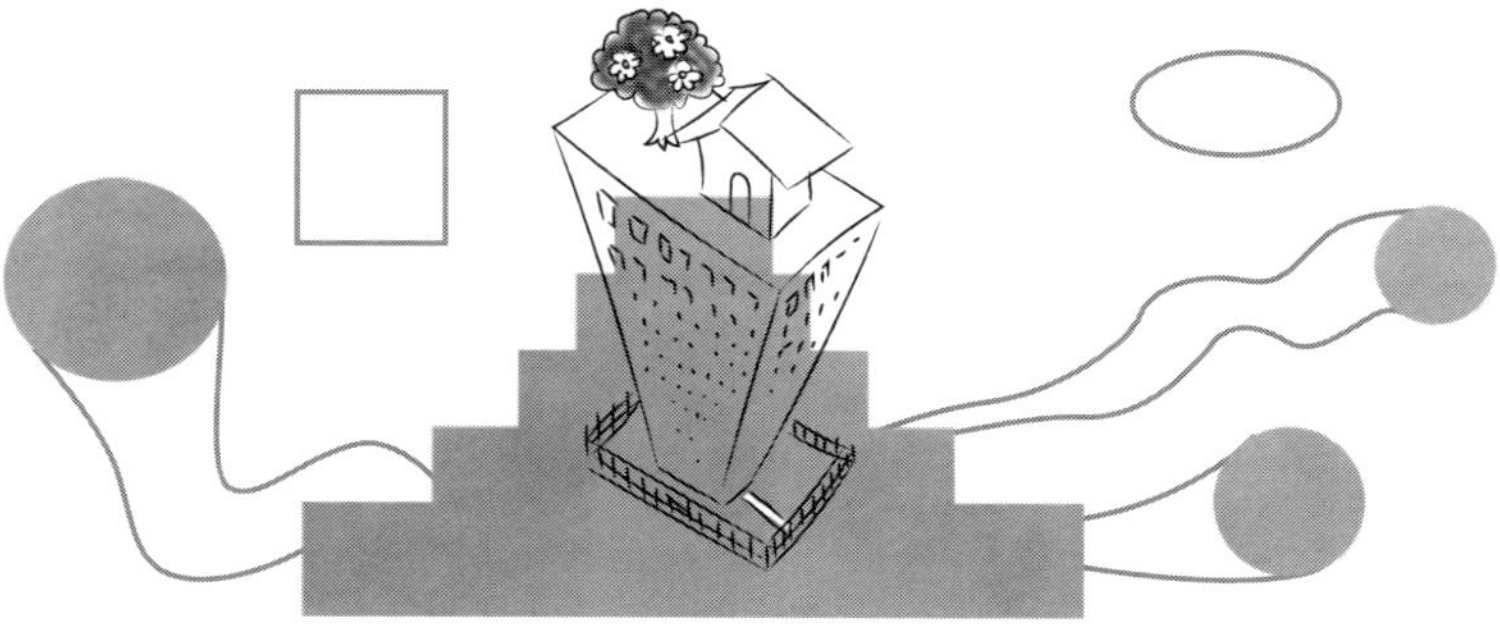

能力主義は、「排除」や「差別」も促している。障害や学力の有無で普通学級から子どもたちが追いやられ、少子化にもかかわらず特別支援学級に在籍する子が増えている。集団行動が苦手な子に対し、学校や教育行政が「個別支援が受けられる」という名目で誘導する場合があれば、いじめを恐れて親が望むケースもある。いずれも普通学級から排除されていることに変わりはない。

多忙化で教員に余裕がない学校現場では、クラスの中に一人でも対応が難しい子がいると「手のかかる子」とされて支援学級に排除される傾向がある。子どもたちにも「あの子は障害があるから別のクラスなんだ」という「常識」を植え付けている。そして、親は普通学級がいじめという排除を生み出す場であると懸念するからこそ、支援学級を選ばざるを得なくなっている。

近年は、地域の小学校へと普通学級に入学した障害のある子どもも、学年が上がるに従って余裕のない授業時間の雰囲気に、逃げ出さざるを得ないケースもある。普通学級に居るのがしんどくなる状況が子ども自身の内側に生成されるのである。普通学級が、自分の存在を徐々に「否認」し、消去したくなる空間になっている。

障害者一九人の命が奪われた相模原障害者施設殺傷事件であらわになったのは、能力で人の優劣を決めつける優生思想だ。これは能力主義の価値観で覆われた学校や社会の中から生み出された事件とみることもできる（＊1）。

「障害者を排除すべき」とは誰も口にしない。でも、学校や社会には「能力の高い人ほど優秀」というソフトな優生思想が浸透しており、私たちもその価値観とは無縁ではない。一人で何でもこなすことが模範として強調されたら、生きる上で手助けが必要な重度障害者の存在をおとしめることになる。

しかし、凄惨な事件を受けてもなお、自己責任や排除を生み出す能力主義に基づく教育を問い直す機運は高まらない。グローバル人材の育成という形でむしろ強化される一方、子どもの状況に応じた多様な教育機会を確保するとして個別支援の流れが強まっている。不登校の子が通うフリースクールも一例だ。学校のありようを問い直さずに子どもたちを分断することを正当化する流れとして危ういと思われる。

不登校の子の中には、学力向上一辺倒の学校に拒否反応を示して通えなくなった子どもたちがたくさんいる。だから普通学級のありようこそ問われなければならないのに、障害のある子、集団生活や勉強が苦手な子も含めて普通学級に適応できないとされた子が排除される。均質性が高まった教室ではグローバル人材を目指す競争を強いられ、子どもたちの緊張感は高まっていく。

学校の努力や教育政策だけで乗り越えるのでなく

近代に入り国家による個人への注目が集まる中、教育が発見され、承認は能力によって行われるしくみが広がった。二〇世紀に入り資本が巨大化する中、人材養成のための教育要求は著しく進展し、能力主義、学歴主義が一般化した。業績を承認する価値観で社会的なるものが設計されており、その中で私たちは生きている。

ハンナ・アーレントによると、一八世紀に成立したルソー主義的な教育理念が、教育は政治の一手段となると考えられたという（＊2）。そもそも主体であれという個人の発見が教育の誕生に結びついた。

個人で稼いで個人で満たすという「勤労」概念が分かち合いを阻み、能

学校の内実を変えていくことを、腰を据えて考えていくという可能性を消去してはいけない

力主義を通して格差を生み、人々の多忙を生産し、市民を思考停止・無関心に引き寄せている。「勤労」概念は戦時中に定着したが、戦後の市民運動も好んで用い、自分で稼いで自分で満たさねばならないという自己責任社会を私たちは作った。生きていくためのニーズを勤労（＝がんばって）し自分でなんとかする、が前提となり、皆で分かち合う行為は縮減した。捉え返したいのは「勤労」主義の相対化である。このように課題整理した時、学校や教育ができることとは、なんだろうか。

近代学校は国民養成機関である。その国の志向を受けて学校は機能する。政権が新自由主義的であれば、その価値観から全く自由になることはできないかもしれない。同時に、学校の国家機関としての機能、社会的機能が近年軽く見られていることに対し、私たちには再評価することが求められる（＊3）。学校の内実を変えていくことを、腰を据えて考えていくという可能性を消去してはいけない。

では、自己責任を強いる教育を強めている学校をどう変えていったらよいのだろう。学校現場の自助努力や教育政策だけで乗り越えようとせずに、雇用や暮らしの構造を問う視点が大事と思われる。特に、四割に上る非正規雇用、過労死や過労自殺が相次ぐブラック企業など劣化が著しい雇用の

「自立を阻害するものとして「依存」を否定するのではなく、他者の力を借りながら生きることを尊重することによって、学校で緊張を強いられる状況は改善されていくだろう」

改善が必要だ。

子どもが競争に追い立てられたり、親が子どもの将来に不安になったりするのは、以前より安定した仕事が減っていることが大きい。政治は経済成長信仰から脱して、就労の有無を問わずにすべての人に最低限の所得を保障することが必要と思われる。さらに、自立を阻害するものとして「依存」を否定するのではなく、他者の力を借りながら生きることの尊重によって、学校で緊張を強いられる状況は改善されていくだろう。

能力主義で塗り固められた学校は、子どもたちにさまざまなことを強いる。勉強ができる、自分の意見が言える、協調性がある……。学校は、何かができることで存在価値が認められる世界になっている。勉強ができなくてもいい。自分の意見が言えなくてもいい。周りに合わせなくてもいい。子どもたちが「自分で自分の存在を認めることができる」場になれば、安心して学校生活を送ることができるようになるし、周囲の子との関係性の中でさまざまなことを身に付けていく。

誰もが「自分は自分でいいのだ」と存在自体を自分で承認できる居心地がいい学校。そこでは個人の力だけで頑張ろうとするのではなく、時には誰かに助けを求めたりあるいは手を差し伸べたりして、それぞれが持っている力を分かち合う。

「自分で稼いで、自分で満たす」概念から自由になり、能力は分かちもたれたものという発想をいかに常識として共有できるかが、人間らしい暮らしへの関心を発見し、人々が政治的無関心から救われることではないか。さまざまな空間で暮らし方を探り、能力主義を乗り越える動きが社会のいろいろな場に広がることによって、多様な存在を認め合う民主主義が育つ展望があるというふうに思われる。

＊1　桜井智恵子「教育がつくる障害者排除と優生思想―モンスターは誰か」『季刊　福祉労働』一五三号、現代書館、二〇一六年。

＊2　ハンナ・アーレント『過去と未来の間―政治思想への8試論』、みすず書房、一九九五年、二三八頁。

＊3　尾崎ムゲン「歴史のなかの学校」尾崎ムゲン・岡村達雄編『学校という交差点』、インパクト出版、一九九四年。

執筆者プロフィール

浅川和也（あさかわかずや）
前東海学園大学人文学部教授。「平和教育地球キャンペーン」（Global Campaign for Peace Education：GCPE）に参加し、平和教育の国際的な活動に携わっている。また、「武力紛争予防のためのグローバルパートナーシップ」（GPPAC）の平和教育専門グループにくわわっている。共著に『地球市民への入門講座』（三修社）、『学習の転換』（国土社）、共訳に『平和をつくった世界の20人』（岩波ジュニア新書）など。

池田賢市（いけだけんいち）
中央大学文学部教授。専門は、フランスにおける移民の子どもおよび障害児への教育政策。著書に『フランスの移民と学校教育』（明石書店）、共編著に『教育格差』『「特別の教科道徳」ってなんだ？』（ともに現代書館）などがある。

堅田香緒里（かただかおり）
法政大学社会学部社会政策学科准教授。専門は社会政策、社会福祉学、ジェンダー論。編著に『ベーシックインカムとジェンダー』（現代書館）、共著に『社会政策の視点――現代社会と福祉を考える』（法律文化社）などがある。

山口幸夫（やまぐちゆきお）
原子力資料情報室共同代表。工学博士。専門は物性物理学。米ノースウェスタン大学、東京大学などを経て、現在に至る。原子力資料情報室は、業界や政府に寄らない独立な情報を40年間発信している。著書に『原発事故と放射能』、『理科がおもしろくなる12話』（ともに岩波ジュニア新書）、共著に『みんなの放射能入門』（アドバンテージサーバー）、『なして、原発?! 新潟発・脱原発への指針』（現代書館）など多数。

金井利之（かないとしゆき）
東京大学法学部教授。専門は自治体行政学。著書に『行政学講義』（ちくま新書）、『財政調整の一般理論』『自治制度』（東京大学出版会）、『原発と自治体――「核害」とどう向き合うか』（岩波ブックレット）、共著に『オランダ・ベルギーの自治体改革』（第一法規）、『地方創生の正体』（ちくま新書）、『希望への陰謀――時代の毒をどう抜き取るか』（教育総研希望社会研究委員会著／現代書館）など多数。

菊地栄治（きくちえいじ）
早稲田大学教育・総合科学学術院教授。専門は教育社会学、教育経営学。著書に『希望をつむぐ高校』（岩波書店）、編著に『深化する高校 深化する学び』（学事出版）、『接続可能な教育社会をつくる』（せせらぎ出版）、共著に『若者の貧困と学校』（学文社）などがある。

桜井智恵子（さくらいちえこ）
関西学院大学大学院人間福祉研究科教授。専門は教育社会学、思想史。著書に『子どもの声を社会へ――子どもオンブズの挑戦』（岩波新書）、編著に『戦争への終止符――未来のための日本の記憶』（法律文化社）、『揺らぐ主体／問われる社会』（インパクト出版）、共著に『希望への陰謀――時代の毒をどう抜き取るか』（教育総研希望社会研究委員会著／現代書館）など。

【教育文化総合研究所　研究会議】

一般財団法人 教育文化総合研究所（教育総研）は、日本国憲法及び子どもの権利条約に基づく教育の確立と文化の創造に寄与するため、2016 年に設立されました。教育総研は、1991 年に発足した前身の国民教育文化総合研究所に引き続き、各界からの研究協力者と共に、教育・文化のあり方について幅広い研究を積み重ね、同時に学校現場の課題を意識しながら、今日的視点にたった政策提言を行っています。2016 年 4 月に発足した研究会議 (教育総研所長・池田賢市、教育総研副所長・桜井智恵子、研究会議議員・淺川和也、堅田香緒里、金井利之、菊地栄治、山口幸夫) では、教育総研の研究活動と季刊誌『教育と文化』に関わる企画・編集を行う傍ら、２年にわたって主権と教育をテーマに議論を重ね、本書をまとめました。

〒 101-0061 東京都千代田区神田三崎町 3-3-20 スカイワードビル 6 階
TEL03-3230-0564
FAX03-3222-5416
http://www.k-soken.gr.jp/

主権者はつくられる

2018 年 7 月 10 日　第 1 版第 1 刷発行　2018 Printed in Japan

編著者　池田賢市・桜井智恵子・一般財団法人教育文化総合研究所「研究会議」
装丁・挿画　PLUMP・PLUM
発行者　則松佳子
発行所　（株）アドバンテージサーバー
〒 101-0003　東京都千代田区一ツ橋 2-6-2 日本教育会館
TEL 03-5210-9171 FAX03-5210-9173
郵便振替 00170-604837
URL https://www.adosava.co.jp/
印刷／製本　株式会社平河工業社
ISBN 978-4-86446-053-8